잃어버린 퍼스날리티를 찾아서

세계복음화문제연구소
(The World Evangelization Research Center)는
한국 교회가
세계의 복음화를 위하여
한 모퉁이를 담당해야 된다는 사명으로
주후 1994년 4월 16일에 탄생되었습니다.

세계복음화문제연구소는
이러한 정신으로
다음과 같은 사역을 담당하고자 합니다.

1. 교육사업
2. 출판사업
3. 선교사업
4. 국제교류사업

세계복음화문제연구소에 관한 문의는
아래의 주소로 하실 수 있습니다.
서울특별시 종로구 종로3가 9-1(삼영빌딩 605호)
T. (02)659-5822, 747-3991
F. (02)659-9669

잃어버린 퍼스널리티 를 찾아서

최병전 지음

도서출판 세 복

거룩 거룩하신 나의 하나님
내가 주를 바라보다 내 눈이 녹나이다
내가 주를 직시하다 내 몸이 얼음처럼 굳나이다
내 영혼이 주를 갈망하다 지쳐
내 육체가 바람에 나는 겨처럼 흔들리나이다

내가 무엇으로 주께 드리리까
내가 무엇으로 주를 기쁘게 해 드리리까
내가 온 인생을 주께 드려도
주가 내게 주심만 못하오니
나는 할 말이 없어 넋을 잃고
내 주만 바라보네

내가 주의 보혈로, 주의 구원으로
인생의 목표를 두며
내 고난이 내게는 유익이오나 주께는 고통이시오니
내가 종일 눈물로 주를 보나이다
내가 무엇으로 말할꼬
나는 할 말이 없어 넋을 잃고
내 주만 바라보네

추천의 글

예수님을 믿고 거듭난 의료인은 거의 공통적으로 환자들을 피상적인 관점에서 보지 않는다. 예수님처럼 환자가 호소하는 고통의 이면에 자리잡고 있는 근본적인 문제를 다루고 싶어하는 것이다. 그러나 이러한 측면을 임상의가 실제적이면서도 쉽게 접근한 책은 그리 흔치 않다.

1년 전 최병전 원장께서 부장으로 계시는 교회 청년부가 주최하는 금요 철야 기도회에 강사로 초청받아 말씀을 전한 적이 있다. 그 이후로 몇 차례 교제를 나누는 가운데 하나님께서 이분의 마음속에 귀한 생각을 정리하도록 종용하고 계신 것을 보게 되었다.

기독 의료인으로서 일찍이 최 원장은 환자들을 대할 때마다 그들의 마음속 깊이 해결되어져야 할 응어리진 문제들이 있음을 직시하였고, 늘 이것을 어떻게 해결할까 고민하였다. 그러던 중 본인과 나눈 교제가 이 생각들을 보다 구체화하는 데 도움을 준 것 같다.

그리고 성령께서 기름 부어 주심으로 이 글을 순식간에 완성할 수 있었던 것으로 안다.

이 글은 단순히 이론에만 그친 것이 아니라 상당 기간 동안 임상적으로 그 원리들을 적용하여 보고 검토한 것이다. 따라서 복잡한 논리보다는 실제적이고 쉽게 적용할 수 있도록 기록되었다.

문제를 해결하는 방법론에 있어서는 성서적 모델을 포함하여 이에 반대되지 않는 심리적이며 기타 세속적인 방법들도 사용하되,

성경적인 안목으로 차원을 높여 그 이론을 적용하고 있다.

이 책의 핵심은 '살아서 역사하는 하나님의 말씀'이 곧 해결책이라는 최 원장의 문제 해결 방법이다. 이것이야말로 실로 기독 의료인들이 문제를 해결할 때마다 사용할 수 있는 무기이며 특권인 것이다.

"나의 영혼이 눌림을 인하여 녹사오니 '주의 말씀'대로 나를 세우소서"(시편 119:28).

"말씀은 살았고 운동력이 있어 좌우에 날선 어떤 검보다도 예리하여 혼과 영과 및 관절과 골수를 찔러 쪼개기까지"(히브리서 4:12) 하는 능력이 있으며 이 말씀이 바로 예수님이시기 때문이다.

임상의에게 이 책은 환자의 내면 세계를 들여다보아 근본적인 문제를 파악하는 데 통찰력과 통일된 개념을 제시해 줄 수 있다고 본다. 뿐만 아니라 마음에 응어리를 안고 오는 상담이 필요한 환자들에게 최고의 상담자(the best counsellor)이신 성령을 소개하고 더 나아가 문제의 해결자 되시는 주님을 만나게 해 줄 수 있으리라 믿으며 이 책의 일독을 기쁘게 추천한다.

주 안에서 형제 된 박행렬

추천의 글

현대는 정보화 시대다. 하루가 멀다 하고 최첨단 기계들이 발명되고 실용화된다. 경쟁력에서 뒤처지면 살아 남을 길이 없게 된다. 옛날 농경 사회처럼 사람이 귀하게 여겨지지 않는다. 사람을 그 인격이 아니라 그가 가지고 있는 지식이나 기술에 의해서 평가하는 시대가 되었다. 그러면서 자연스럽게 인간 상실의 시대가 도래한 것이다. 사람들은 점점 더 긴장하게 되었고 현대 문명 앞에 쫓기게 되었다. 부모가 이혼하면서 자식을 시설 보호소에 내버리는 것이 다반사요, 오갈 데 없는 늙은 부모를 귀찮다는 이유만으로 길거리에 버리는 일들이 계속해서 증가하고 있다.

오늘의 어린아이들은 부모의 지나친 과보호 속에 자라고, 청소년들은 입시 위주의 교육 속에 점점 더 깊이 병들어 가고 있다. 가치 상실의 시대다. 그러다 보니 인격장애자들은 점점 늘어만 가고 있다. 그들은 어디에서든지 가정에서, 사회에서, 그리고 교회에서도 상처를 안고 문제를 일으킨다는 데 그 심각성이 있다.

차제에 한의학을 전공하고 한·양방의원을 경영하면서 일찍이 질병과 인격장애에 대해 깊이 생각하고 연구한 최병전 집사께서 인격장애 치료에 관계된 책을 집필하게 된 것을 생각할 때 감격하게 된다. 더더욱 놀라운 것은 심리학이나 상담학 그리고 신학을 전공하지 않았음에도, 성경 말씀을 통한 하나님과의 깊은 영적 만남과 병원에서의 임상 실험 등을 통해서 이처럼 훌륭한 작품을 내게 된 것이다.

부디 바라기는 이 책이 널리 읽혀져서 많은 이들이 인격장애에 대한 이해의 폭을 넓힐 수 있었으면 한다. 그리고 장애의 경중이 크고 작은 것뿐이지 결국은 모두가 인격의 장애를 가지고 있는데 이 책을 통해 모든 이들이 자신의 인격장애를 치료받아 보다 더 행복한 가정, 사랑과 꿈이 있는 사회, 믿음과 교제가 깊은 교회를 이루어 가길 소망한다.

다시 한번 한의사이면서 그리스도께 더 가까이 나아가 주님의 제자가 되기를 열망하는 최병전 집사의 노고를 치하하며 기쁜 마음으로 본서를 추천한다.

인천중앙성결교회 담임목사 이준성

차 례

차 례

차 례

차 례

차 례

먼저 함께 나눌 이야기

옛날부터 지금까지, 사람들

아주 먼 옛날부터 자신을 현명한 자로 자처해 온 대다수의 사람들. 객관적인 기준으로 보아도 달리 비정상적이라고 보여지지 않거나, 약간의 비합리적인 사고방식을 가진 지를 이느 징도 용납해 줄 만한 상식과 의식을 지녀 온 사람들.

어느 시기나 그 시대에 좋든 나쁘든 간에 현저하게 대중에게 영향을 미쳐 온 사람들. 바보스럽거나 비도덕적인 자, 흉악한 자들을 제외한 흔히 평범한 인생을 살거나 자신이 속한 가정, 사회, 집단, 국가 따위 등에 작으나마 건설적인 도움을 주어 왔다고 자칭, 타칭으로 듣는 흔하고 늘 어느 시대나 그렇게 살아 온 많은 사람들. 이렇듯 스쳐 갔거나 잊혀진 과거의 역사 속에서부터 전형적인 유형의 사람들은 지금까지도 늘 그렇게 살아 가고 있다.

그러나 한번 자세히 살펴보자. 부모나 사회로부터 교육받아 왔고 또 그로 인해 사회에 유익을 만들고 살아오는 많은 사람들, 우리의 생각이 미치지 못했고 굳이 따지려고 애써 보지도 않았던 이들의 마음과 영혼을 들여다보면 찢겨지고 비틀어져 정리되지 못한 채 지쳐 누운 인격의 손상들을 볼 수 있다. 마음의 상처, 즉 인격의 장애를 지니고 있는 것이다.

한 개인에게 있어 인격은 성숙되었든 성숙되지 않았든 간에 한 사람의 전체적인 인생의 흐름에 막대한 영향력을 행사한다.

항상 무엇엔가 눌린 듯하고 해방감을 느끼지 못하는 사람, 해결되지 않은 응어리를 지닌 사람은 늘 가슴이 답답하다. 그 실체가 아련해 잘 분별되지 않는 공허감과 괴로움, 미움, 갈등 등은 겉으로는 멀쩡하면서도 내면을 혼란스럽게 한다. 이렇듯 드러나 보이지 않는 마음속 상처, 이를 총체적 의미에서 인격의 장애라 말한다. 이 인격의 장애 속에서 사람들은 어쩔 수 없이 자신을 호도하며 타인에게도 동정받고 싶어하고 동정받지 못하면 싸워서라도 동정받고자 한다. 그럴수록 상처는 점점 더 깊이 숨어 들어간다.

이런 면에서, 이 인격의 불완전성에 대해 보통 상식적이고 양심적인 사람이라면 공감하고 인식할 것이다. "누구나 다 그런 거지 뭐!" 하고 자신이나 타인까지도 동정해 줄 것이다. 지나치게 결벽증이 있는 사람이라면 괴로워할 수도 있고 보통 사람이라면 뭔가 꺼림칙한 인격의 부족함을 느낄 것이다. 차라리 이런 부족함을 인정하는 것 자체가 편안할지도 모른다.

이렇게 때로는 심각해지기도 하고 때로는 잊어버리기도 하면서 사람들은 그럭저럭 살아간다. 그래서 일정한 나이가 되면 조금은 비뚤어진 채 자기 식으로 인격이 고정된다. 때문에 자신의 인생을 조금쯤 돌아보고 생각할 여유가 있는 사람이라면 어떤 절대성에 귀의하고픈 생각까지도 들 것이다.

인격의 완전은 없다.
이것이 가장 기본적인 전제이다. 흔히 자신이 성숙하다고 자부하는 사람들은 어떤 때까지는 미숙했었으나 여러 가지 훈육 같은 것을 거치면서 자신의 인격도 완벽해졌다고 스스로 자랑할지도 모른다. 자신의 내부에 자리잡은 온갖 마음의 잡동사니들이 그간의 훈련, 교육, 시련 등을 통해 다듬어져 훌륭하게 성숙된 자신의 인격에 뿌듯함을 느낄 수도 있다. 그리고 이런 훌륭한 인격이 다른 이에게까지 영향을 미치리라 생각하기도 할 것이다. 나아가 자신의 인품이 세상을 도덕적으로 변화시켰다고 자부도 할 것이다.

그러나 격조 있는 품성, 남에 대한 이해심, 자신을 희생하고 남을 돕는다거나, 남에게도 좋은 교훈을 주며, 상황과 시대를 앞서 보지 못하는 민중에게 현명하고 바른 가치관을 제시해 줌으로 오는 사회의 유익성 등 이루 헤아릴 수 없이 많은 훌륭한 인격의 모습들이 자신 속에 숨겨져 있는 인격의 장애를 한쪽 구석으로 숨겨 버린다는 사실에 주의해야 한다. 전반적으로 자신의 인격이 훌륭하다고 여겨지면 일부에 자리잡은 못된 인격이 전체의 모습 뒤편에 감추어져 고질화되고 만다. 이 인격의 불순함과 장애가 점점 심각해지면 자신을 외형상 더욱 훌륭하도록 치장하고 조작까지 하게 된다는 사실을 까맣게 잊게 되는 것이다. 대부분의 위인들은 그의 역사적 치적이나 의의 때문에 진솔한 한 인간으로 가지고 있는 마음의 상처 같은 것은 아예 없는 절대 완전한 인물로 우상화되기도 한다.

우리들이 간혹 하는 "사람에게는 누구나 다 실수가 있어. 이 실수를 교훈 삼아 더욱 분발해야 돼"라는 말은 앞으로의 발전적 성공을 위해 "잊어버려. 너무 깊이 가슴에 두지 마!"라고 자신을 속여 버린다.

예수님께서도 실수를 그냥 넘기지 않으셨다. 그는 간음한 여인을 용서하실 때 여인 스스로가 자신의 잘못을 인정하고 회개하도록 하셨으며 다시는 죄를 짓지 말라고 명령하셨다. 그 여인 속에 깊이 자리한 간음과 미움, 시기, 질투 등을 개선해 인격의 장애를 극복하도록 하셨던 것이다.

다시 말해 실수나 잘못 등이 철없는 어린아이나 못된 어른, 악행을 일삼는 죄수들에게만 해당되는 것은 아니다. 흔히 무시하는 작은 실수나 죄를 그냥 넘길 때 그 장애는 더욱 뿌리를 깊이 내리고 전신으로 퍼져 나가는 것이다. 즉 죄나 장애가 크든 작든 간에 관계없이 죄나 장애가 자신 속에 내재하고 있다는 사실을 확인하고 고백하는 것이 중요하다.

법률상 죄의 경중과 이에 따른 사법적 징벌은 차이가 있을 수 있다. 의학상으로도 악성과 양성의 차이, 그리고 치료 방법도 각각 다르다. 이처럼 법률상·의학상으로 다른 판단이 내려질 수는 있지만 반드시 어떤 죄이든 장애임에 틀림없고 이 장애는 고쳐져야 한다는 점은 명약관화한 것이다.

이와 같이 누구나 알 수 있는 인격의 장애나 장애자들(악인, 죄수, 정신병자 등)은 그 진단이 확실하기 때문에 오히려 치료에 그다지 어려움이 없다. 그러나 아주 작은 장애, 숨겨진 장애는 그 실체가 분명하지 않을 뿐 아니라 감추어져 있어서 그 진단이 어렵고 또한 치료도 쉽지 않다. 그리고 시간이 갈수록 더욱 고질화되고 완전히 고착되기 때문에 더더욱 치료가 어려워지는 것이다.

예수님 당시의 종교 지도자들, 바리새인들, 율법학자들은 왜 예수님을 핍박하고 십자가에 못박았을까? 그들의 속을 잘 들여다보면 우리가 짐작할 수 있는 여러 장애가 보여진다.

인간은 누구나 엄마 뱃속에서부터 이미 인격이 자리잡기 시작해 수유기, 유아기, 소아기, 소년기, 청년기, 장년기, 노년기에 이르기까지 여러 요소들이 그들 인격에 때로는 긍정적으로 때로는 부정적으로 영향을 미친다.

그들 속에 있는 타인에 대한 배타심, 우월주의, 미움, 호전성들은 잘 포장된 성숙이라는 이름 아래 혹은 종교적으로 잘 교육되었다는 자기 만족감 속에서 인격의 장애를 일으켰을 것이다. 이러한 장애는 결국 개선되지 못하고 경직된 자기 이성주의로 뿌리를 내렸던 것이다(변할 수 없는 에고이즘). 자기보다 훌륭하고 모든 면에서 앞선 자를 거부하고 자신 속에 내재된 카테고리대로 살았을 것이다. 그러다 예수님의 말씀이 감추어진 장애를 들추어내고 죄를 건드리자 자신의 장애와 죄를 도저히 인정치 못하고 이미 예수님께서 지적해 놓은 심각한 장애를 감추려 발악하게 된다.

예수님으로 인해 그들의 완전성은 여지없이 무너져 내렸고 자신들의 장애가 낱낱이 해부되었으며 권위는 실추될 대로 실추되었다. 스스로 완전하다고 생각했던 영성과 인격의 치료를 요구받게 되자 그들은 예수님을 오히려 십자가에 못박아 자신들의 무죄를 증명하려 했던 것이다.

우리가 이 시대에 크게 외쳐 보자. 나는 무죄하다! 나에게는 장애가 없다! 과연 자신 있게 외쳐지는가? 자신에게 질문을 한번 던져 보자. 내 인격은 과연 훌륭한가? 이에 대해 우리는 혹독하고 매몰차게, 관대하지 않은 자세로 철저하게 대답해야 할 것이다. 그렇게 하지 못한다면 자신뿐만 아니라 타인에게도 인격의 소중함을 깨닫게 해 줄 수 없을 것이다. 냉철하게 돌아보고 분석하고 현재를 직시하며 거룩하신 예수 앞에 자신을 굴복시켜야 한다.

> "만일 우리가 죄 없다 하면 스스로 속이고 또 진리가 우리 속에 있지 아니할 것이요 만일 우리가 우리 죄를 자백하면 저는 미쁘시고 의로우사 우리 죄를 사하시며 모든 불의에서 우리를 깨끗케 하실 것이요 만일 우리가 범죄하지 아니하였다 하면 하나님을 거짓말하는 자로 만드는 것이니 또한 그의 말씀이 우리 속에 있지 아니하리라"(요한일서 1:8-10).

누구나 어려서부터 쭉 자라면서 자신의 인성과 인격의 기반이 형성되어 간다. 예를 들어 교육, 교양, 가정, 종교관, 인생관, 미래관 등과 같은 좀 막연하면서도 애매모호한 영향력들이 그 상황과 나이에 따라 지대한 힘을 가지고 개인 속에 인격이라는 건물을 축성하는 것이다. 그러나 이런 것들을 그 당시에는 그저 그런 것이라고 무시하거나 지루하고 재미없는 것으로 취급하고 지나쳐 왔던 것이다. 과거에 있어 스쳐 지나친 영향들이 있다. 예를 들자면 어린 시절 교실에서 들은 선생님의 훈시, 교회 부흥회 같은 것이다. 이들이 다행히도 자신에게 좋은 영향을 끼쳐 인격을 성숙하게 했다면 괜찮지만 의외로 많은 사람이 좋지 못한 영향을 받고 있다.

점차 어른이 되면서 이런 영향들이 단지 어른이 되었다는 이유만으로 감추어진다. 그래서 지난 어린 시절의 연민이나 갈등, 고민, 허무, 고난, 사랑 따위는 이미 성찰되었고 정리되었다고 믿게 된다. 스스로가 확신하는 이성 판단 능력 때문에 자신 속에 잠재하는 어리석은 인격의 장애를 찾지 못하고 치유받지도 못하고 있다. 철부지 어린아이의 고민이 어른이 되어 인격의 병으로 변모되고 마는 것이다.

예를 들어 어떤 남자는 괜히 머리가 단정하지 않은 여자를 싫어하고 어떤 여자는 너무 농담을 잘하는 남자를 싫어한다 하자. 왠지 포용성이 부족하고 이해력, 특히 남을 관용하려는 자세가 부족함을 알 수 있다.

이 남자의 경우 어린 시절을 찾아가 보면 그 이유를 알게 된다. 중학교 시절 동네 깡패들에게 몰매를 맞았을 때, 그 시절의 강한 기억 속에 깡패 두목쯤 되는 자의 덥수룩한 머리칼이 기억 속에 자리잡고 있었을 수도 있을 것이다.

또 여자의 경우도 마찬가지다. 중학교 시절 버스 속에서 어느 못된 남학생에게 음흉한 농이 담긴 희롱을 당했을 경우, 어른이 되어서 지나친 농담을 거부하고 보다 정숙하고 예의바른 남자만을 좋아하게 되는 인격 성향을 갖게 되었을지도 모른다.

이런 예는 흔하다. 어린 시절의 이런 불쾌한 경험은 의식 속에 뿌리깊게 자리해 이성화·도덕화되면 좀처럼 관용해 주지 못하고 성격이 외곬로 흐르게 된다. 심지어 TV 코미디까지 천시하는 난센스를 낳고 또 그런 사람들을 이 사회에서 배제시켜야 한다고 주장하는 비사회적 인격장애에까지 이르게 될 수 있다는 데 큰 문제가 있다.

또 다른 예를 들어 보자. 어떤 사람이 전라도에서 충청도로 이사 와 살았는데, 그가 바로 옆집 돈을 사기 치고 도망가 버렸다 하자. 그 옆집의 어린 아들은 어른이 되어서 전라도 사람 전부를 불신하게 되는 지역 이기주의로 고질화되는 수도 있다. 또 어려서 동네 다리 밑에서 살던 문둥이와 지체장애인들의 더러움과 거지생활에 혐오감을 경험한 기업체 사장이 자기 회사에 절대 장애인을 고용하지 않는 경우도 있다. 이렇듯 어릴 때의 경험이 반사회적 영향을 미치는 일이 많다. 스스로는 인격이 훌륭하고 자비심과 포용성이 많다고 자신 있게 말하면서도 말이다.

다른 사람에게는 아무 것도 아닌 경험이 어떤 이에게는 불쾌 감정을 지나 갈등과 반사회적 성향을 보일 수 있다는 사실을 생각해 보았다. 히틀러가 유대인을 미워한 것은 그가 어려서 유대인들의 지독한 상술을 보았기 때문이라는 이야기도 한 실례이다. 어린 히틀러의 장애경험이 수백만 명의 유대인을 살해한 결과를 가져온 것이다.

이와 같이 인격장애는 단순히 자기 자신에게뿐 아니라 가정, 국가, 민족, 세계에 악영향을 미친다. 어려서부터 종교적 편협성 주입에 젖어 있던 사람은 결국 종교적 맹신으로 테러를 한다. 남을 죽이고도 이를 정당화하는 정치적 이념주의자들, 민족주의자들도 마찬가지다. 이들이 입은 어렸을 때의 장애가 그렇게 만든 것이다.

만약 인격장애가 극대화되어 눈에 띄게 큰 것이라면 쉽게 문제를 해결할 수 있다. 그러나 그 장애 정도가 심연에 숨어 있거나, 비록 작지만 고질적인 경우, 작은 장애가 문제다. 아주 작은 모래알이 모이고 모여 큰 모래산을 이루듯 모래산 이전의 모래알, 노출되지 않은, 경미하지만 만성적이고 그다지 크게 유념치 않는, 잠복된 장애덩어리가 문제이다. 꼭꼭 숨겨진 장애는 찾아내기 어렵고 고치기도 힘들다.

이런 장애는 자기 합리성, 도덕성, 보편성으로 치장되어 자기를 기만하고 자기 도취에 빠지게 할 뿐 아니라 우리 속에 숨어 우리를 추락시키고 사회적 장애를 일으키기도 한다. 예를 들어 교회 같은 성스러운 곳에 갈등과 분열을 유발시키는 것이다. 이런 노출되지 않은 장애는 인격의 불안 요소를 제거하려는 노력을 미리 차단하고 인식하려는 노력조차 못하도록 자기 포장에 점차 빠져들게 한다. 또한 자신의 인격이 성숙하다는 자기 판단 아래 잘 개선되지 못하고 더욱 노출을 꺼리게 된다.

이러한 인격장애는 많이 배운 사람, 부자나 성공한 사람, 사회적으로 지도자적 위치에 있거나 혹은 그럴 것으로 예상되는 사람들에게 더욱 많이 나타난다.

예를 들어, 암울했던 정치 상황 속에서 민주화와 자유를 외치는 젊고 푸른 한 청년이 시대의 아픔과 민중의 핍박을 등에 지고 투쟁을 하고 있다고 하자. 이 청년에게는 그의 의식이 철저히 이성적이고 합리적이며 시대를 초월한 인본주의적 사고방식과 인류애로 잘 정리되어 있는 것으로 보일 수 있다.

그렇다면 왜 다른 청년들은 이런 비민주적 상황에서 잠잠하고 있을까? 용기가 없어서일까? 아니면 마음이 여린 까닭일까? 아니면 동기부여가 없었던 것일까? 그건 주변 상황과 각자 의식과의 만남이 서로 틀리기 때문이다.

방향을 달리해 인격의 장애를 찾아보려는 측면에서 이야기해 보자. 만약 그 피 끓는 청년이 유복자이었거나 고아원에서 부모 없이 자라 애정이 결핍돼 있어 민주화를 위해서보다는 일종의 반항심에서 투쟁을 시작했다면 그가 지도자적 위치에 섰을 때 문제를 일으킬 소지가 다분히 있게 되는 것이다. 물론 그의 어린 시절을 이해하지 못하는 건 아니다. 그러나 그의 정치적 성향에 그가 느낀 가난과 외로움이 영향을 미친다면 부자나 권력가를 무조건 부르주아시하는 공산의식으로까지 발전되는 반사회적 성향을 만들 수도 있는 것이다.

때문에 대다수의 지명도가 높은 세계적 지도자들을 보면 그 어린 시절이 불행했든 행복했든 간에 그 시절을 철저히 분석하여 자기 발전의 발판으로 삼았지 결코 그 과거사를 좋게 치장하지 않았다. 중요한 것은 과거가 아니라 그 과거의 진단이다.

반대로 생각해도 마찬가지이다. 부잣집에서 아무런 부족함 없이 자란 아이가 사회적 지도자가 되었을 때 "가난은 무능력이다"라는 어려서부터 가져온 자기 교만 때문에 겉으로 가난한 자에게 자선을 베풀지만 속으로는 "이 어쩔 수 없는 게으르고 무능력한 가난뱅이들아!"라고 욕할 것이다. 그렇게 된 지도자는 가난하고 천한 자를 업신여기고 부에 아부하게 된다. 이런 인격의 장애는 차라리 어려서는 덜한 편이다. 오히려 어른이 되어 자기 편리한 대로 자리잡은 인식이 경험과 만나 아집을 쌓고 나면서부터 더욱 노골화되는 것이다.

또 다른 경우를 보자. 어떤 배우지 못한 가난한 시골 농부의 아들로 태어나 온갖 고생을 다하다가 자신의 근면성(잠 덜 자고, 돈 덜 쓰고)과 창의성에 의해 성공한 사람이 있다고 하자. 그는 자신의 이런 성공이 국가 경제를 발전시켰고 회사 직원들의 생계를 꾸려 주었으며 후세에도 큰 발전 방향을 제시해 주었다고 말할 수 있을 것이다. 그 사람의 능력과 노력은 결코 무시할 수 없지만 이렇게 자기 능력을 과시하려는 사람들 대부분은 열등감이 많아 자기도 모르게 남의 인정을 받아야만 기쁨과 성취감을 얻게 되는 것이다.

또 만약 어느 깊은 산골 작은 마을에 천재가 태어나 계속하여 수석을 하다가 서울 유학, 외국 유학 끝에 높은 학문의 권좌에 앉게 되었다고 하자. 그 사람의 성공담을 들어 보면 실로 대단하다고 하지 않을 수 없다. 그러나 그 속에 숨어 있는 막연한 공허감, 타인을 무시하는 강한 자기 주체의식, 주위 사람을 의심한다거나 하는 따위의 의처증 같은 개선되지 못한 인격장애 등을 볼 수 있는 것이다. 자기 우월감과 열등감의 중복된 장애이다.

또 다른 예를 들자. 체력과 정신이 건전한 한 청년이 육사에 들어가 훈련받고 전쟁에서 적과 대치하여 생명을 걸고 잘 싸웠으며 전방에서 어려운 상황을 슬기롭게 견디어 왔다고 하자. 국가의 보위와 민족의 생명을 지키기 위해 철저히 자기 희생과 봉사로 일관해 온 그가 장성이 되어 점차 자신의 위치가 확고해지면서 시대 상황이 자신을 부른다고 권력을 지향하게 되었다면 이를 어떻게 설명할까? 그 사람 속에 꼭꼭 숨었던 무지에 대한 열등감, 가난에 대한 수치감, 초등학교 점심시간에 도시락을 가져오지 못해 교실에서 몰래 나와 물로 배를 채우던 시절의 경험들이 권력과 금전의 절대 우위를 뼈저리게 느끼게 하는 잠재된 의식으로 자라났을지도 모른다. 그래서 성인이 되어 자기 방어의식이 편법적인 가치관으로 고정되게 된다. 쿠데타로 정권을 얻은 뒤, 자기 위주의 윤리관과 사회규범을 정하고, 도덕성으로 자신을 완벽한 인격자로 포장해 버리고, 영구적인 권력 지속을 위해 자신의 반대세력을 없애 버리는 자기 지상주의를 낳고마는 인격장애가 국가를 혼미하게 한다. 이런 길고 깊은 인격성장 과정이 자기 역사를 이루게 된다.

심성의 불안함은 자기 고민에서부터 상당한 괴로움까지를 파생시키며 이런 심리적 불안이 자기 이탈(이 불행한 조건에서 벗어나고픈 심정)을 위해 타인을 미워하고 혐오하고 깔보고, 투쟁하며 적대시하는 경향을 낳는다. 그리고 가장 가까운 사람, 즉 부부간에, 자식이나 형제에게 갈등의 요소를 제공한다. 특히 부부 갈등의 경우 그 근본 원인이 인격의 문제에 있음을 명심해야 한다.

아버지로부터의 매질이나 학대, 음주 등에 의한 남성 혐오증이 자리하게 되면 결혼 후 못질과 같은 집안일에 남편이 조금만 게으리하면 자기 아버지로부터의 이탈을 연상하여 남편을 투쟁의 대상으로 간주하게 된다.

불건전한 어머니로부터 받은 왜곡된 여성상은 그대로 여성경시로 나타나 부인을 손찌검하게 된다. 도저히 상식적으로 외형적인 모습에서는 짐작조차 할 수 없는 어른 속에 아이가 숨어 있는 것이다. '행복한 가정'이나 '부부 세미나' 등에서도 이런 인격의 관계가 우선 언급되어야만 한다. 서투른 화해나 애정으로는 좀처럼 해결의 실마리를 찾을 수 없다.

이런 이탈 심리를 지닌 자들끼리 이익집단을 형성하면 더욱 치명적인 상처를 주기도 한다. 더욱 극도로 광분되면 국가적·세계적 불행으로 이어지기도 하고 이념주의, 종교적 맹신, 국수주의, 인종적 차별 등을 불러일으키는 불행을 낳기도 한다.

세계 여러 곳의 종교적 맹신자들이나 민족주의자들은 타민족이나 타종교인을 테러하고 살해하는 데 정당성을 부여할 뿐 아니라 오히려 고무시키고 전쟁을 일으킨다. 한 민족이 타민족을, 어느 종교가 타종교를 배타시하는 것은, 한편 이해가 되기도 하지만 그 발상 자체가 그 집단이나 지도자의 인격적 장애가 원인이었다면 그 집단과 개인이 자기 기만에 속아 스스로를 바보가 되도록 방치해 버린 꼴이 되고 만 것이다.

인격에는 절대 경외심이 있어야 한다

병상에 누워 있는 많은 병자들이 육체적 질병 때문에 그 정신, 즉 혼(魂)과 마음까지 함께 병들어 간다. 육체적 나약함 때문에 심약(心弱)해지는 것이다. 신경성 위장염 같은 원인이 모호한 병들이 있는데, 이를 의사가 진단하여 치료하면 육체의 병도 낫고 약해진 정신도 회복된다. 그렇지 않고 만일 의사가 "당신의 위장병은 인격손상이 원인이오" 하면 대다수의 환자들은 화를 내고 말 것이다.

자! 그러면 누가 스스로를 잘 진단하고 인격을 회복시킬 수 있는가? 누가 다른 사람의 인격적 장애를 극복시킬 수 있는가? 만약 누가 "나는 내 인격에 문제가 있어!"라고 스스로에게 말한다면 "그게 무슨 되지도 않은 뚱딴지 같은 소리야!"라고 실소를 할 것이다. 만약 누군가 다른 사람에게 "당신의 인격에는 문제가 있소!"라고 말해 준다면 뭐라고 대답할까? "당신이나 잘해!"라고 말할 것이다.

육체의 병에 대하여는 의사의 권위에 따라 치료를 의뢰하지만 인격의 병에는 마땅한 치유 시술자가 없다. 자신과 그 누구도 인정하려 들지 않거나 "그럴 수도 있지" 하고 경솔히 여기고 만다. 조금 불완전하다 해도 사회 규범에 큰 문제가 되지 않는다면 그냥 이해해 버리고 만다. 또한 상담자에게 신뢰감이나 경외심까지 기대할 수는 없다. "당신이나 나나 뭐 다를 바 있소?"라고 상담자에게 묻는다면 "아니오. 나는 대단히 훌륭합니다"라고 대답할 사람이 과연 있을까?

그래서 완전한 인격체, 훌륭한 인격체의 모델이 제시되지 못해 상담자의 위치마저 지킬 수 없게 된다. 충분히 존경할 만한 절대자를 경외해야 상담이 이루어질 수 있다.

이것이 첫 단계부터 인격장애의 치유를 어렵게 하는 요소이다. 진단과 치료를 위해서는 대화와 상담을 통해 인격을 해부하는 과정이 필요하다. 인포메이션과 커뮤니케이션이 상호 성립되어야 가능한 것이다. 그러나 이들은 마음의 문을 열지도 않고 준비조차 하지 않는다. 상호 정보 이해와 교제 없이는 인격의 교제도 이루어지지 않고 해결의 실마리도 보이지 않는다.

왜일까? 왜 가로막힌 벽이 있을까? 그것은 스스로를 치유하려고 할 때 자신이 치유자 즉 시술자로 있으려 한다는 점과 타인의 인격을 개선시키려 할 때도 자신이 그 타인에 대해 치유자 즉 시술자가 되려고 하기 때문이다. 이런 점에서 상담에 문제가 있는 것이다. 그러면 어떻게 해야 이런 벽을 넘어 장애를 고칠 수 있을까?

어떤 방법이 없을까? 해결책이 있다.

그것은 바로 하나님의 말씀이다

인격장애의 원인 파악과 개선은 단지 인간적인 애정이나 관심을 통한 상담과 자기 성찰에 있는 것은 아니다. 이런 것들은 도구로써 부수적으로만 이용될 뿐이다. 오로지 하나님의 말씀이 상한 인격 속에 들어가 자리잡을 때만이 장애는 치유받을 수 있다. 말씀이 진단하고 증상을 추적하여 원인을 잡아내어 살아 역사하여 치료해야 온전한 인격체로 돌아오게 된다. 흔히 쉽게 생각해 마음을 열고 접근되면 서로 위로가 되고 교제할 수 있으며 새로운 길을 모색할 수 있다는 마치 그림 같은 카운슬링의 단계를 연상할 수 있다. 그러나 이것은 이론이고 상상일 뿐이지 실제로는 잘 적용되지 못한다. 그렇게 쉬운 문제가 아닌 것이다.

장애를 치료하기 위한 목적으로 하는 이러한 계획적인 접근은 상담학적으로 가능한 듯 보이나 앞서 말했듯이 인격이라는 자신의 테두리에 갇혀 지내려는 고집스러움 때문에 좀처럼 마음이 열리지 못한다. 아주 각별하고 절대적 존경을 받거나 권위가 있는 상담자가 아니고서는 제대로 상담이 이루어지지 못한다. 된다고 해도 극히 소수이거나 그 소수의 경우에도 잠시만 해결될 뿐 연속적이지 못하고 다시 장애 속에 빠지고 만다.

왜 그럴까? 상담은 공감대와 애정을 통하여 인간적인 교류를 가능케 할지 몰라도 생명력이 없기 때문이다. 신체의 한구석이 병들면 다른 건강한 전체를 위해 그 병든 부분을 도려내야 한다. 그러려면 그 부분을 제거시키는 생명력 있는 메스가 필요한데, 사람의 이해심과 교훈은 아픈 곳에 위로는 될지언정 생명력을 가지고 병소를 도려내는 능력을 가지고 있지는 않다.

하나님의 말씀은 생명력이다.

말씀이 곧 하나님이시기 때문이다. 하나님의 말씀은 절대 구원성, 절대 속죄성, 절대 순결성을 가지고 있으며 절대 치유자이기 때문에 우리 속에 본래의 참된 인격을 생성케 하고 생명력을 불어넣어 준다.

인격의 장애가 수면 위로 떠오르고 꿈틀거리며 움직여 죄성이 드러나고 갖가지 장애와 부유물 같은 상한 심성이 구정물처럼 부글부글 끓어오르게 된다.

그러면 우리는 수치심과 열등감, 미움, 갈등, 시기 등과 같은 더러운 장애물을 보며 "과연 내가 이렇게 나쁜 상태인가?" 하고 개탄해 할 것이다. "내가 이렇게 추할 수 있단 말인가?" 하고는 허탈감으로 멍히 먼 산만을 바라볼 것이다. 그러고는 도망가고 싶어 하고 자신을 떠나고 싶어한다.

그런 후에 그 더러운 부유물들 속에 하나님의 말씀이 때로는 조용히, 때로는 강력히, 때로는 바람처럼 역사하여 죄성을 인식하고 스스로 말씀 속에 안정과 회안과 위로와 감사를 느낄 수 있게 된다. 그러면 스스로 그 더럽고 추한 장애들을 청소시킨다. 하나님의 말씀이 치유로 역사하는 것이다.

> "하나님의 말씀은 살았고 운동력이 있어 좌우에 날선 어떤 검보다도 예리하여 혼과 영과 및 관절과 골수를 찔러 쪼개기까지 하여 또 마음의 생각과 뜻을 감찰하나니"(히브리서 4:12).

하나님의 말씀은 살아 있고 운동력이 있다. 혼과 영과 관절과 골수(육)를 진단하고 치료하신다.

Ⅰ. 인격장애의 개요

먼저 알아야 할 사항들

(1) 인격장애는 특정한 사람, 유별난 사람에게만 찾아오는 정신적·정서적 이상으로 나와는 관계없고 내 주변상황도 별 관계가 없다는 선입관을 버릴 것.

→ 우선 자신의 장애 중에 쉬운 것부터 찾아보자. "4(四)자는 죽을 사(死)자다" 해서 괜스레 4자가 싫은 사람, 또는 "빨간 색으로 자기 이름을 쓰면 재수가 없다", "다리를 달달 떨면 복이 나간다" 해서 그것들을 금하는 사람은 벌써 인격장애가 있는 것이다.

(2) 완전한 인격 형성자는 오직 예수 그리스도 한 분뿐이라는 사실을 명심할 것.

→ 완전한 인격체는 예수 그리스도이고 우리는 그를 좇아가도록 노력해야 한다.

(3) 인격장애는 지금도 내 속에서 진행되고 있으며 앞으로도 많은 장애 요소들을 갖게 되고 또 해결해 나가야 한다는 사실을 명심할 것.

→ 외부적 환경의 영향과 함께 잠재의식과 의식되었든 안 되었든지 간에 항상 우리들 주변을 맴도는 인격의 구성 요소들은 좋게 되려기보다는 퇴보되려는 경향을 가지고 있다. 인생의 어려움, 고난 등은 현명하고 성실하게 견디어 나갈 수 있다. 그러나 고난을 준 사람을 그만큼 더 미워하게 된다.

(4) 인격장애는 어떤 좋지 못한 조건이나 환경 아래에 있는 불합리한 정서의 영향으로 발생되며 이것을 불행한 일이라고 여기는 고정관념을 지울 것.

→ 인격장애는 반드시 좋지 못한 환경에 의해서만 영향을 받는 것이 아니다. 월등히 좋은 환경 아래에서도 역으로 더 큰 장애를 일으킬 수 있다. 물론 비교적 나쁜 환경이 더 나쁜 영향을 미칠 수밖에 없는 것은 사실이지만 이는 통계적 의미에서 볼 때 그렇다. 개별적으로 볼 때는 환경의 좋고 나쁨이 인격장애를 일으키는 절대 원인이 아니라는 것이다. 그것보다는 오히려 감수성이나 반응 등이 더 큰 영향을 미친다.

(5) 인격장애는 타인에 의해 나에게 오지만 때로는 나도 남에게 영향을 준다는 사실을 알아 둘 것.

→ 대다수의 사람들은 갈등요인을 쉽게 자기보다는 남에게 더 두기 때문에 '장애'라는 어마어마한 단어 앞에 "나는 절대 그렇지 않아", "나는 저런 유의 악한 사람이 아니야"라고 단정한다. 그래서 나로부터 시작되는 장애의 요소를 부정하는 수가 많다. 그러나 인격장애는 원인 제공자가 누구든지 이미 연관된 인물들은 모두 동시에 장애 속에 빠지게 된다. 그것은 마치 바이러스처럼 전염성을 가지고 있다.

(6) 인격장애는 개인적으로뿐 아니라 집단에 의해서도 발생되며 개인과 개인 간 장애처럼 집단 간에도 마찬가지 현상을 나타낸다.

→ 어떤 이기적 집단은 자신들의 아집과 편협성을 깨닫지 못하고 이슈나 이념, 또는 합리성, 도덕성이라는 이름으로 자신들의 집단을 정당화시킨다. 반면 상대 집단을 비도덕적·반인류적이라는 이름 등으로 비판해서 자기 위치를 확고히 하고 동류의 타집단에게도 전파 고정시키려 한다.

(7) 가장 중요한 사실은 "나는 완전한 인격체가 아니다"라는 사실을 먼저 고백하는 것이다.

→ 이 고백은 후덕한 사람이 겸손하게 자기를 비하하고, 자기를 성찰하고 비판하는 고백이라고 생각하기 쉽다. 그러나 이 고백의 실체는 막연한 자기 겸손이 아니라 고통에 의한 자기 통회이어야 하기 때문에 참으로 어려운 일이다. 때문에 이 고백은 상당히 진지하게 인내심을 가지고 조목조목 따져 가며 해야 한다.

(8) 인격장애는 비록 남에 의해 일어났다 하더라도 그 원인 제공자에 의해 해결되는 것이 아니고 자기 스스로에서부터 해결되어야 한다. 결국 내가 해결되면 원인 제공자에게도 좋은 개선의 영향을 미치게 된다.

→ 어찌 보면 억울한 일이다. 나를 속상하게 하고 화나게 하여 울화가 치밀어 화병이 나게 한 그 사람, 그 원수 같은 사람은 전혀 고침받지 않고 나부터 변화되어야 한다니 말이다. 게다가 그 사람에게 떡까지 더 준다니 …. 이게 말이 되는가? 하지만 인격은 하나님의 인격성에 의해 부여받은 것이기 때문에 십자가의 모습처럼 희생이 앞서야만 개선의 실마리가 보인다.

(9) 구원은 영적 완성이지만 인격의 완성은 아니다. 인격은 말씀을 통하여 차차 완성되어 간다.

→ 인격은 인성이며 품성이고 영성(靈性)보다 혼성(魂性)이기 때문에 훈련이 많이 필요하고 완성보다는 완성을 향해 나아간다는 데 더 큰 의의가 있다. 구원받은 바보가 즉시 현자가 되는 것이 아니며, 구원을 기반으로 교육과 훈련을 통해 인격이 풍성한 현명하고 지혜로운 자가 되는 것이다.

(10) 기독교인의 경우 비기독교인보다 인격장애가 비교적 덜한

편이지만 나만은 각별히 좋을 수 있다는 생각은 인격장애의 초기 증상임을 알아야 한다(교회 안에 인격장애는 굉장히 많다).

→ 기독교인의 경우 회개와 참회의 과정을 많이 겪기 때문에 자기 고백의 과정을 통해 순결성을 유지할 수 있다. 하지만 이 고백과 회개만이 인격의 향상이 아니며 단지 조건을 갖춘 상태일 뿐이다. 이곳에서도 마찬가지로 대인적 갈등과 같은 나쁜 자극에 의해 장애를 받게 된다. 비록 순결성이 있다 하더라도 말이다. 특히 교회 안에서 일방적인 희생이 강요될 때 깊은 심성 속에 괴로움과 억울함이 자리해 더욱 중증에 빠지게 되는 수가 있다.

(11) 개인의 인격장애는 점차 집단 히스테리적 카리스마를 형성하고 가정에서, 국가적으로 혹은 세계적으로 큰 재앙을 일으킬 수 있다.

→ 히틀러나 네로 황제 같은 대표적 인물을 예로 들 수 있다. 성장과정의 비타협성과 적대감이 세계적 재앙을 일으킬 수 있다. 반사회적 인격장애의 실례는 무수히 많다. 또한 이들에 의한 사회적 재난 역시 역사 이래 끊이지 않고 있다.

(12) 특정 지도자의 인격장애는 민족적·국가적·종교적 맹신을 만드는 주입 사상이 된다.

→ 예수 재림의 날짜를 집어 내는 사람들이나 성경적 암시나 영적 계시를 받았다고 믿는 지도자의 강한 세뇌교육이나 편향적 주입에 의해서, 혹은 정서불안이나 인격적 장애에서 파생된 왜곡된 사상이 마치 신의 계시처럼 착각하게 해서 그 인격장애가 신으로 군림하게 하는 난센스를 낳게 된다. 종교적·정치적 지도자의 경우 게르만 민족주의라든가 백호주의, 시오니즘이나 회교 근본주의, 다윗파라든가 하는 반인격적·반사회적·반종교적 장애자들을 만들어 낸다.

(13) 인격장애는 그 원인과 증상에 따른 치료법이 있으며 이 시스템에 의해 진단하면 병인의 처치 및 후유증까지 회복이 가능하다.

→ 모든 병은 원인이 있으며 이 병이 발전되어 외견상 증상이 나타난다. 또한 이 증상은 합병증을 유발하여 마치 동시 다발적으로 다양한 다른 증상으로 보이지만 그 메커니즘을 따라가 보면 그 근본적 원인이 하나 아니면 많아야 둘 정도로 국한되는 수가 있다. 그 병인을 고치고 나서도 그 증세가 당분간 지속될 수도 있고 여러 가지 후유증으로 변질될 수도 있디. 그래서 이런 병인이 치료된 후에도 남아 잔존하는 증세와 후유증 때문에 치료받은 자가 치료가 안 된 것으로 오해하고 실망하여 다시 더 깊은 장애에 빠져드는 수도 있다. 이 점을 중시할 것.

(14) 인격장애는 그 원인을 찾아가는 것이 가장 중요한 치료의 핵심이다.

→ 다시 말해 정확한 진단이다. 정확한 진단만이 그 병소를 찾고 치료할 수 있다. 만약 진단 자체가 잘못되었다면 그 장애는 전혀 고쳐지지 않을 뿐더러 엉뚱하게도 멀쩡한 곳에 잘못된 치료를 해 줌으로 그 장애를 더욱 악화시킬 것이다.

(15) 인격은 영·혼·육의 삼원설(三元說)에 의해 그 합리적인 기전이 있으며 이에 의한 하나님의 창조섭리에 의해 치유의 역사가 일어난다.

→ 보혜사(保惠師 : helper, wonderful counsellor) 성령은 이 땅에 치료자로 오셨다. 예수님은 병든 자와 가난한 자를 위해 오셨지 부자와 건강한 자를 위해 오신 것이 아니다. 성령은 우리의 영을 통치하시면서도 우리의 혼·심성을 상담하신다. 또한 우리의 육을 치료하신다.

(16) 교회는 완전한 인격자들의 집단이 아니고 인격장애자들이 모여 그 장애를 치료하는 곳이다.

→ 교회의 지도자들은 인격 치유자로서 자격을 갖추고 있다. 그러나 이들은 하나님께서 자격을 부어 주셨다는 것을 깨닫지 못하고 있다. 영적인 것과 인격적인 면은 비슷하면서도 상당히 다르다. 의사는 환자의 몸 전체를 고치는 것이 아니고 그에게 있는 부분적 병소를 찾아 진단하고 치료해 주는 것이다. 이에 환자는 그 부분적 치료가 전체의 치료로 인정될 정도로 안도감을 받게 된다. 마찬가지로 인격의 치료자는 그의 전체를 고치는 것이 아니고 한 구석을 도려내 전체를 해방케 하는 것이다.

> "만일 한 지체가 고통을 받으면 모든 지체도 함께 고통을 받고 한 지체가 영광을 얻으면 모든 지체도 함께 즐거워하나니" (고린도전서 12:26).

Ⅱ. 인격 (人格 : personality)

Ⅰ. 정의

한 사람이 생각하고(think), 느끼고(feel), 행동(act)하는 특징을 말하며 비교적 안정되고 예측할 만한 그 사람의 사고나 행동을 지칭한다.

이는 또한 의식적인 태도, 가치관 및 양식과 무의식적인 갈등 및 방어기전을 포함한다. 인격 특성이란 그 표현방식이 병적이라고 생각되지 않는 사람이 행동하고 느끼고 생각하는 주된 성향을 말한다. 즉 think, feel, act의 합일적 모습이 객관적이며 평범한 시각에서 보아 보편적으로 안정되어 보일 때 상대방도 인격적 만남에서 동시적 안정감을 갖게 된다.

맛있는 음식으로 보고 느끼고 판단하여 먹었는데, 갑자기 토해 버렸다면 이미 예측한 판단에서 벗어난 것이기 때문에 이 식사는 think, feel과 act가 하나로 연결되지 못하는 장애를 일으킨 것이다.

아름답게 화장을 한 여자가 더러운 옷을 입는 것은 아름답고자 하는 전체적 욕구와 균형상 맞아떨어지지 않는 것이다. 이렇듯 인격은 대체로 완성적이며 전체적 균형이 잡혀 있다.

2. 구조

(1) 긍정적 의식

의식적 태도이며 가치관과 양식(良識 : good sense)을 총괄하는 구조를 말한다. 인격은 인간 본인의 확고부동한 자기 소양이며 교육과 체험을 통한 자기 태도의 정립이고 이를 바탕으로 모든 가치관을 주장하려는 현명한 표현이다. → 정상적인 노력(normal effort)

(2) 부정적 의식

무의식적인 갈등 및 방어기전을 말한다. 인간의 심성 속에 항상 내재한다고 해도 과언이 아닌 갈등의 혼돈과 이 혼돈에서 정리되려는 경향으로, 갈등의 전이를 후방에서 제어하려는 방어기전이다. → 양성화 제어력(positive missed control)

인격의 구조는 이 이중적이고 상반된 의식이 서로 교제하고 투쟁하면서 정(正) → 반(反) → 합(合)의 과정을 통해 정리되어 나간다.

한 인간의 품성 속에는 가난한 자를 불쌍히 여기고 구제하고자 하는 긍정적인 품성과, 이와 반대로 적당히 불의와 타협하고 적당히 폭리하며 물건을 팔거나 세금을 포탈하는 것 같은 부정적인 품성(좀 흔히 하면서도 극히 양심적이려고 노력하지 않으면 유념하지 못할)이 대립을 이루고 있다. 즉 선행과 타락의 심성 속에서 양자가 서로 갈등하며 투쟁하다가 일정한 자극과 어떤 시기의 영향으로 방향이 설정되고 곧 이어 잘 화합되어져 인격이 정리되고 이 인격이 내·외부적으로 다양하게 표현된다.

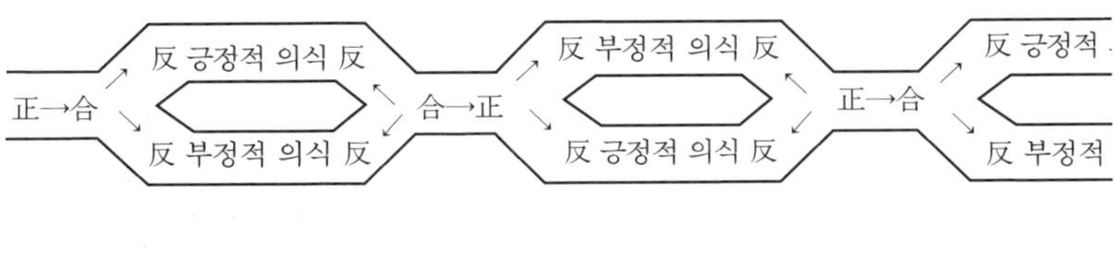

-----------▶ 지속적인 흐름 正 → 反 → 合 의 과정을 반복한다.

3. 기전

　모든 유기체는 수정(受精 : fertilization)되는 순간부터 완전히 성숙될 때까지 생물학적 발달 과정을 겪는다. 이러한 성숙 과정의 어느 한 시기에 해로운 요소가 주어지면 유기체의 성장은 손상을 입고 기형이 생기며 어느 한 장기나 또는 전체 생명체의 기능에 제한을 받는다. 우리가 먹은 음식은 필요 적절한 위액과 소화기능을 통해서 우리의 에너지로 사용되어야 하고 적당하고 필요한 자극들에 의해 방어력이 생기면서 자라나게 된다. 적절한 자극적 조건이 없는 경우는 오히려 뇌와 신체의 성장이 저해되고 만다.

　결정적 시기의 경험부족도 각 기관과 장기의 기능을 다하지 못하게 만든다. 성장기 운동부족이나 사고의 부족, 영양부족은 골격이나 근육의 발육과 뇌의 성장을 더디게 한다. 이와 같이 음식이나 사회적 자극이 제한되고 부족한 환경에서 성장한 어린이는 대뇌발달과 이와 관련되어 인격발달이 저해된다.

　또한 초기 경험이 결핍된 경우도 일생 동안의 여러 가지 스트레스에 대해 지속적인 취약점을 지니게 된다. 어린아이는 어른들에게 야단을 맞는 경험을 통해 스트레스 방어능력이 증가되기도 하며 역으로 잃어버리기도 한다. 환경이 풍요롭고 평화로운 상태에서 자란 어린이는 외부적 압박에 대해 충분한 방어능력을 지니게 되지만, 취약한 환경(예 : 고아, 괴팍한 부모, 못된 친구들, 마마보이 등)에서 자란 어린이는 어른이 되어서도 쉽게 압박에 넘어지고 일어날 줄 모르게 된다. 항상 사람은 나이, 환경, 시기에 적절하고 합당한 자극과 경험에 의해 성장되어야 한다.

너무 보호를 받거나 너무 천대를 받는 등 한쪽으로 기울어진 자극을 받으면 저항력이 약해지고 넘어져 아예 포기해 버리는 경향마저 나타난다. 그러나 불합리한 환경에서도 주변의 충고나 교육이 적절하게 이루어지고 자신의 잠재능력이 클 경우 의외로 성숙해지는 계기도 될 수 있다.

모든 사람은 해부학적 구조(anatomical structure)가 대체로 비슷하나 세부적인 면에서 조금씩 차이가 있다.

기질의 차이란 환경에 대해 능동적으로 반응할 수 있는 능력으로 환경변화에 영향을 받고 이에 변질되기도 한다.

인체 신경계의 탁월한 능력(다른 어떤 피조물도 소유하지 못한)은 유기체(모든 대상물)의 경험을 기명하고 저장하면서 이를 통합하려는 마치 최첨단의 슈퍼 컴퓨터와 같다. 아니 그 이상의 기억, 계산, 통합의 신속 정확한 처리 과정을 거쳐 가장 효과적인 적응을 할 수 있도록 해 주며 이 능력으로 말미암아 인격 발달이 가능하게 된다. 다시 풀어 말하면 아주 어린 나이 때부터 만난 부모를 비롯한 수많은 사람들과 수만 가지의 환경 경험 등에 의한 도전과 응전의 과정을 통하여 인격이 발전되는 것이다.

이와 같이 많은 사람들은 나름대로 장기간의 사회경험을 통하여 항구적이며 지속적인 태도, 신념, 욕망, 욕구, 동기, 흥미, 적성 등과 같은 불확실하면서 막연한 심리요인을 형성하게 된다.

같은 배를 타고 가면서도 잔잔한 바다를 만나기도 하고 폭풍을 만나기도 하며 때로는 낚시와 같은 레저도 즐기는데 이처럼 바다에서 살아가는 적응양식이 다른 것처럼 각각의 개인은 환경에 따른 그 반응력에 따라 큰 차이를 보이면서 독특하게 자아를 형성하게 된다. → 자기 고집(self-egoism)

각자가 지닌 비교적 영구적인 행동양식과 경향성으로 형성된 이 특성을 인격이라 부른다.

앞서 말한 여러 유형의 경험과 기질적 요소에 의해 대체로 평생을 변함없이 지켜나갈 양식이 고정화되면(적당한 자기 고집과 확신이 설정될 만한 나이나 시기가 되면) 양식이 행동화되는 모습이 천편일률적으로 비슷하며 특별한 자극(지극히 불쾌하거나 굉장한 즐거움 같은)이 와도 이미 고정된 양식에 변화를 줄 수가 없다. 이 행동양식은 한쪽으로 고정되려는 경향마저 띠게 된다(특성화, 개성화). 평범하게는 가정적인 사람, 애국자, 충실한 교육자, 양심 바른 공무원 같은 비교적 바람직한 인격의 경향성을 지닌 인격자의 모습을 갖게 된다.

이와 반대로 비범하거나 반인륜적 인격자는 변절된 그 확고한 의식의 경향성 때문에 더욱 비정상적인 인격으로 악화될 뿐 정상적으로 돌아서기가 어렵다. 극단적인 종교적 광신자나 테러주의자들에게 인류애적 사랑이나 충고 따위는 귀에 들리지도 않는다. 날이 갈수록 더욱 심각한 광신적 사고방식에 깊이 빠져들게 되는 것이다.

지능의 차이는 인격의 형성에 있어 기질적 요인에 비하면 그다지 막대한 영향력을 행사하는 것은 아니다. 지능적 차이를 인격에 앞서 먼저 생각하게 되면 그 수준만 가지고 잘못 오해하는 수도 있다. 좀 바보스러운 사람이라고 해서 반드시 인격이 부족한 건 아니다. 물론 지능이 떨어질수록 비례적으로 인격에 좋지 못한 영향을 줄 가능성이 많기는 하지만 필연적인 것만은 아니다.

지능에 대해 그 어떤 과학적 차이나 평균치를 만들어 내기는 힘들다. 흔히들 IQ 110 이상을 우수, 90~100을 보통, 90 이하를 열등하다고 말하지만 열등의 경우 정신지연(mental retardation) 현상이라고 보아야지 저능(moron)이라고 단순히 판단하는 것은 금물이다. 즉 지능의 미숙은 특정한 시기에 수준에 맞도록 아직 그 성숙도가 다다라 있지 못한 경우가 많아 현재보다는 장래의 지능상태를 측정하는 것이 더 바람직하다. 그러나 불행하게도 아직 그런 검사 방법이 없을 뿐더러 예측한 검사치는 불확실하다. 즉 선천적 지능 저하는 교육 등을 통한 후천적 인격을 형성하는 데 있어 능률적 효과가 약할 뿐이지 비인격화를 초래하지는 않는다. 오직 인격의 성인화가 부족할 뿐이다.

Ⅲ. 전통 한의학적 기질 이론

한의학적으로는 체질(體質)이라고 부르는데 생리·병리적 체질의 차이를 사상체질로 구분시켜 놓았다.

1. 태양인(太陽人)
2. 태음인(太陰人)
3. 소양인(少陽人)
4. 소음인(少陰人)

한의학적 이론상 인격은 불변이다

이들은 각기 다른 외형적 모습과 내부 장기의 기능적 차이, 내부 장기간의 상호 기능적 연관에 있어서 선천적 또는 후천적 이유에 의해(후천적 이유는 적은 편이다) 차이를 갖는다. 따라서 생활과 건강, 질병, 정서, 성품 등에 각기 다른 특성과 개성을 갖게 된다.

각각의 기질은 성격상 확연한 차이를 보이는데 그 성격은 어떠한 영향에 의해서도 좀처럼 변화되지 않는다. 예를 들면 관우, 장비 같은 성격을 지닌 자가 어느 회사의 작은 일을 맡은 직원이라면 자신의 성격적 특성에 맞지 않아 정서적 질병뿐만 아니라 육체적인 질병도 갖게 되는 것이다. 즉 성격이 환경에 의해 적응·변화되지 못하고 정서적 스트레스로 인한 육체적 고통을 유발시키게 된다. 선천적으로 그 체질과 성격이 '타고난다'고 표현할 수 있다. 따라서 인격의 소양이라는 것이 훈련을 통해 훌륭해질 가능성은 없는 것으로 생각된다. 사실 실제적으로 인격의 손상, 장애는 잘 고쳐지지 않으며 어떤 인간적 상담과 치료로도 쉽사리 개선되지 못한다. 정신과 영역이나 심리학적 영역에서도 이 인격장애는 고치기 어려운 것이 사실이다.

한의학에서 보는 인격성은 이미 선천적으로 정하여졌고 변화될 수 없다. 한 번 가지고 태어난 체질은 육체나 인격이나 마찬가지로 바뀌어지지 않는다.

비록 교육이나 훈련 등을 통하여 조금 세련되어질 수는 있어도 그 본래의 체질이 지니는 인격의 특질은 변하지 않는다. 그렇다고 "이 체질은 나쁜 체질이다" 혹은 "좋은 체질이다"라고 비교할 수 있는 건 아니다. 각기 불완전한 인격이고 체질이지만 이를 잘 지탱시키고 잘못된 음식, 약물, 취침, 작업, 가족 등과 같은 나쁜 조건들을 배제시켜 적절하고 훌륭한 좋은 조건들을 받아들여서 불균형적인 체질을 그 특성에 맞게 유지시켜야 하는 것이다. 한의학적 체질론은 건강, 성격, 인격의 완전 지향이 아니라 이미 선천적으로 특성화된 인체의 편집된 성향을 그 상태에서 잘 유지·관리하는 데 초점이 있다 하겠다.

Ⅰ. 태양인 (전체 인구의 1% 이하)

1) 외형적 특성

단단하고(金氣成局) 기세가 등등하며(龍之性) 용모가 뚜렷하다(方圓). 즉 전쟁터에 나갈 때 기골이 단단하고 힘차 보이며 기세가 강하여 앞으로 돌진만 하고 후퇴는 없는 듯 보이며 골격과 근육이 크다기보다 단단하게 발달된 기골의 모형을 지니고 있다.

2) 내부 장부의 허실(臟腑의 虛實)

폐대간소(肺大肝小 : 폐가 크고 간이 작다).

상체가 잘 발달되고 호흡기 기능이 좋은 편이며 소화기 기능이 상대적으로 약한 편이다. 여성의 경우는 생식기 기능이 약하여 간혹 임신에 장애를 지니고 있는 경우가 많다.

3) 정신·심리 상태

공격형이라서 추진력은 있으나 사교력이 떨어지고 자만심이 지나쳐 교만한 인상이 강하다. 어떤 일(사업이나 사회적 변혁 같은)에 실패가 오더라도 쉽게 좌절하지 않고 재추진하는 경우가 많다. 강력한 돌격형인 면에 비해 비타협적이고 융통성이 없다. 그래서 일을 추진할 때 실제적으로 주변에 숨은 도움자가 있어야만 성공한다. 보이는 도움에 대해 별로 달가워하지 않는다. 화를 잘 내고 흥분을 잘하며 매사에 적극적이면서도 감정의 등락이 심하다. 한번 좌절하여 침울해지면 쉽게 감정을 추스르지 못하고 우울증에 깊이 빠진다.

4) 인격장애의 모습

대인과의 관계에 있어서는 일단은 교제가 순탄한 것 같으나 누가 보아도 일방적이며 자기 주장이 강하다. 상대방을 이해하고 포용하지 못하는 단점 때문에 군대와 같은 종적 질서에 의한 일방통행적, 상명하달식의 조직에서는 크게 성공하나 이해와 토의를 통한 횡적 구조에서는 잘 견디지 못한다. 자신의 소신을 밝힐 때는 확실한 근거를 가지고 모든 방어 준비를 한다. 따라서 자기의 잘못은 깊은 실의를 경험한 뒤에야 고백한다. 타인의 조언이나 훈련에 전혀 변화되지 못한다.

2. 태음인 (전체 인구의 50%)

1) 외형적 특성

대체적으로 뚱뚱하고 크다. 골격 자체도 크고 비만한 체격으로 땀을 잘 흘리고 체격이 넓고 크며(健壯長大) 반면에 골격과 근육은 약하고 단단치 못하다. 허리도 굵고 거인형이다. 상대적으로 운동력이 뒤떨어지고 느린 편이다. 덩치가 작은 사람도 간혹 있다.

2) 내부 장부의 허실

폐소간대(肺小肝大 : 폐가 작고 간이 크다).

이 체질의 경우 호흡기 질환을 많이 볼 수 있다. 땀을 많이 흘리고 감기에 잘 걸리며 천식, 기관지염, 결핵과 폐질환에 걸리기 쉽다. 반면에 소화기 기능은 좋아서 무엇이든지 잘 먹고 소화를 잘 시킨다. 많이 먹는 편이고 식도락가이다.

3) 정신·심리 상태

가정을 중요시하고 사회활동을 경솔히 여긴다. 안정되고자 하며 변화나 개혁을 두려워하고 많은 동작과 행동을 싫어한다. 활동적이지 못하며 그런 사람과의 친분도 적다. 쉽게 흥분하거나 좌절하지도 않으며 감정의 등락이 별로 없다. 자신을 특별히 자제해서가 아니라 남이 자신에게 모멸감을 주더라도 즉각적이고 반사적으로 격동되지 않는다. 기쁨과 슬픔에 대해 그다지 표정의 변화가 없다. 일을 할 때도 서두르지 않고 서서히 진행시킨다(不務時動而後之). 대개 슬픈 일보다 즐거운 것을 좋아한다. 태양인과 상대적으로 반대이다.

4) 인격장애의 모습

외견상 너그러워 보이고 이해심이 있어 보이지만 내부적 심리는 음흉하고 상대방을 너그러이 용서, 포용하기보다는 무관심할 때가 더 많다. 자신의 의견과 주관이 뚜렷하지 못하고 상대방의 의견 역시 잘 동조하여 주지 않는다. 게으른 편이고 발전력이 거의 없다(惰怠愚痴).

주변에서 운동과 외부 사회활동을 독려하면 사회 적응을 경험하면서 의외로 인격이 완만하여지고 훈련을 통해 좋아지는 경우가 있다

3. 소양인 (전체 인구의 30%)

1) 외형적 특성

얼굴이 붉고(火氣成局) 길고 윤곽이 뚜렷하다(馬之性). 가슴이 넓고(包勢盛壯) 엉덩이가 좁다(座勢孤弱).

어깨가 평평하고 상체가 크고 하체 다리가 상대적으로 가늘어 걸을 때 많이 흔들린다. 장년기에 와서 확연하게 배가 나오고 체중이 증가되는데도 하체는 약하다. 청년기 이후로 전형적인 특질이 나타나기 시작한다.

2) 내부 장부의 허실

비대신소(脾大腎小 : 비장이 크고 신장이 작다).

소화기 기능이 왕성하여 식욕도 왕성하다. 소화력이 좋고 탐식을 한다. 차갑고 시원한 것을 좋아하고 잔병이 적은 편으로 질병에 대한 저항력이 강하다. 비뇨생식기 기능이 반면 약하여 대소변

이 좋지 못하고 남성의 경우 성기능이 약하고 여성의 경우 임신능력이 약하다.

3) 정신·심리 상태

사리사욕(偏私心)이 많고 외교적 수완이 높다. 일의 추진이 치밀하고 완벽주의자이다. 외부적 호화로움과 공치사를 좋아한다. 가정을 경솔히 여기고 외부 사회활동을 중요시한다. 잔재주가 많고 또한 능력도 뒤따른다. 그러나 자기 과신을 많이 하고 잘난 체를 잘한다. 매사에 의욕적이고 완전하려고 한다(欲擧而不欲措).

화를 지나치게 잘 내고 깊은 슬픔에도 잘 빠져든다. 타인에 대해 지나친 감정의 골은 오랫동안 지니지 않고 쉽게 푼다. 다혈질이라 욕도 잘하지만 이해심과 리더십이 있다. 말을 쉽게 하고 자만심과 고집이 세다. 남을 무시하고 자기 주장이 강하여 집단에서 인정받지 못하면 쉽게 좌절한다.

4) 인격장애의 모습

자기 주장이 강하고 소신 또한 뚜렷하다. 타인의 능력을 무시하고 타인을 자신에게 끌어들이려 한다. 흔히 다혈질이다. 좌절을 해도 쉽게 회복되기는 하나 체면을 중요시해 자신의 장점을 자랑하고 단점을 숨기려 한다. 자신을 과신함으로 인해서 자기 열등감에 빠지는 경우가 많다. 그래서 자기 애정, 자기 편의주의에 집착하여 가정불화도 많다. 훈계와 상담을 통한 접근이 어렵고 대부분 인격의 장애가 심해질수록 개선의 여지도 점점 없어진다. 강하거나 권위 있는 사람 앞에 굴복되고 승복한다.

4. 소음인 (전체 인구의 20%)

1) 외형적 특성

둥근 경우도 있으나 얼굴이 쪽 빠진 형. 얼굴이 작고 턱도 작은 편이다. 몸은 마른 편이 많고 신장이 작은 경우가 많으나 큰 경우도 간혹 있다. 가슴이 작고 엉덩이는 넓다. 보행시 앞으로 수그린다. 여성적 모습이 보인다.

2) 내부 장부의 허실

신대비소(腎大脾小 : 신장이 크고 비장이 작다).

비뇨생식기는 강하고 튼튼하다. 반면 소화기능이 약해 잘 먹지 않고 소화불량이 잦고 신경질적이며 위, 대장, 소장, 간 등의 질병이 잦다. 소위 말하는 신경성 질환이 많은 경우이다. 여성의 경우는 아이를 많이 낳는다.

3) 정신·심리 상태

의심이 많고 노파심도 많아 모든 일을 사전에 점검하고 또 점검하고도 쉽게 행동에 옮기지 못하고 미리 걱정을 많이 한다. 반복된 경험으로 이상이 없을 때 일을 실천하나 처음의 경우는 타인이 먼저 시도한 것을 보고서 뒤따라 한다. 남을 헐뜯고 해치기를 좋아한다. 투기와 시기심이 많다. 항상 혼자 있기를 좋아하고 타인과의 대화를 꺼려 한다. 타인과의 교제에 심한 심리적 괴로움을 느낀다.

반면에 예술성이 높아 문학, 음악과 같은 예능에 소질이 있고 좋아하며 직업인 또한 많다. 공상가이기도 하고 지식이 높아지기를 선호한다. 실천력이 약하고 중도에 그만두는 경우도 있다. 소양인과 반대적인 면이 보이고 비록 타인과의 교제를 거절하려고 해도 애정을 가지고 접근하면 조금씩 마음을 열고 상담과 조언을 경청하고 수렴하기도 한다. 자기 확신은 약한 반면에 남의 장점을 이해하고 인정한다.

4) 인격장애의 모습

편집광적인 집착이 강하여 한곳에 몰두한다. 인생관이나 가치관 같은 넓은 의미의 자기 주관은 별로 정립되어 있지 않으면서도 식사 습관이나 몸의 청결 유지 같은 일상의 작은 일에 관하여는 지나치게 철저하여 자신과 남을 용서하지 못하고 불결하다고 비판한다.

자신의 판단이 설정되면 타인의 조언을 수용하기에 앞서 의심부터 한다. 혼자 있기를 좋아하는데 대인관계를 피곤해 할 뿐만 아니라 타인에 대한 피해의식이 강하기 때문이다. 타인으로부터 진정한 애정과 희생적인 봉사가 틀림없이 확인될 때에야 비로소 마음을 열고 교제를 한다.

가정이나 자신이 속한 집단의 문제가 발생할 때 원인을 자신에게 두지 않고 타인에게 두며 이에 대한 철저한 분석과 비판물을 준비한다. 그러나 실제 공격의 실현은 적다. 염세주의자일 수는 있으나 허무주의자는 아니다. 패배감은 자존심 때문에 인정치 않는다.

사상체질 감별 자가 진단법

사람은 누구에게나 이중성과 다양성이 있기 때문에 본 설문을 통한 진단이 완벽하지는 않다. 다만 참고할 수는 있을 것이다.

잘 읽어 보고 해당란에 ○표를 하시오.

1. 당신의 체격은 다음 중 어디에 해당하나?
   ① 가슴이 발달되고 허리 아래 부분이 약하다.
   ② 상체보다 하체가 발달되었다.
   ③ 허리와 배가 발달되고 상체가 약한 편이다.
   ④ 머리와 목덜미가 발달되고 허리 부분이 약하다.
   ⑤ 기 타

2. 전체적인 외모와 골격은 어디에 해당하나?
   ① 보통이며 다부진 체격이다.
   ② 골격이 작은 편이며, 위아래 균형이 잡혀 있다.
   ③ 골격이 굵고 살이 찐 편이다.
   ④ 키가 크거나 보통이고 몸은 단단한 편이다.
   ⑤ 기 타

3. 당신의 몸에서 외관상 가장 발달된 부분은?
   ① 가 슴   ② 엉덩이   ③ 허리나 옆구리
   ④ 머 리   ⑤ 기 타

☞ 4∼11까지는 당신의 기질과 성격을 분류하기 위해 설정된 항목입니다. 각 문항별로 당신의 특징과 가장 일치하는 내용에 ○표를 하시오.

4. ① 매사에 열정적이다. 솔직 담백하다.
   ② 비사교적이다. 꼼꼼한 편이다.
   ③ 과묵한 편이다. 신중하다.
   ④ 모든 일에 거침없이 행동한다.
   ⑤ 기 타

5. ① 시작은 잘하나 마무리는 부족하다.
　 ② 개인주의 내지 이기주의가 강한 편이다.
　 ③ 운동보다 오락을 좋아한다. 가급적 움직이기를 싫어한다.
　 ④ 남을 공격하기를 좋아한다.
　 ⑤ 기　타

6. ① 외부 일에 치중하여 나 자신과 가정에 대해서는 소홀한
　　 편이다.
　 ② 남성적인 면에 비하여 여성적인 면이 많은 것 같다.
　 ③ 나 자신과 가정의 일에 치중하며 외부 일에는 소홀한
　　 편이다.
　 ④ 남성적인 면이 많고 의지가 있다.
　 ⑤ 기　타

7. ① 봉사 정신이 많다. 의협심이 강하다.
　 ② 생각하는 것이 많으며 조직적이다.
　 ③ 자기 의견을 완만하게 관철하는 편이다.
　 ④ 머리가 명석한 편이다. 창의력이 있다.
　 ⑤ 기　타

8. ① 성격이 급한 편이다.
　 ② 침착하다. 사고가 정연하다.
　 ③ 인내심이 많다. 신중하다.
　 ④ 적극적이다. 과단성이 있다.
　 ⑤ 기　타

9. ① 싫증을 잘 느끼고 체념을 잘한다.
　 ② 한번 감정이 상하면 좀처럼 풀리지 않는다.

③ 평소 점잖은 편이나 음흉한 면도 있다.
④ 계획성이 적다. 민첩하지 못하다.
⑤ 기　타

10. ① 사치를 좋아한다. 과장하기를 잘한다.
② 내성적이다. 질투심이나 시기심이 많다.
③ 교만하다. 욕심이 많다.
④ 영웅심이 많다. 자존심이 강하다.
⑤ 기　타

11. ① 행동이 경솔한 편이다. 이해타산은 별로 따지지 않는다.
② 내 일에 남이 간섭하는 것을 아주 싫어한다.
③ 대기만성형이다. 이해타산을 많이 따진다.
④ 정직하고 청렴결백하다. 변할 줄을 모른다.
⑤ 기　타

12. 당신의 걸음걸이는 어디에 해당하나?
① 걸음이 빠르고 몸을 흔든다.
② 걸음걸이가 자연스럽고 얌전하다.
③ 걸음이 느리고 안정성 있게 걷는다.
④ 걸음걸이가 꼿꼿하다.
⑤ 기　타

13. 당신은 다음 중 어디에 해당하나?
① 땀을 흘려도 그다지 피곤하지 않다.
② 땀을 많이 흘리지 않고 조금만 흘려도 피곤하다.
③ 땀이 많고 땀을 흘리면 오히려 상쾌하다.
④ 땀 흘리는 상태에 증상이 없다.

⑤ 기 타

14. 음식물에 대한 당신의 기호는?
  ① 시원한 음식을 좋아한다.
  ② 뜨거운 음식을 좋아한다.
  ③ 따뜻한 음식과 차가운 음식을 모두 좋아한다.
  ④ 아주 찬 음식을 좋아한다.
  ⑤ 기 타

15. 다음 음식물 중 당신이 평소 좋아하는 음식물은?
  (대체적으로 좋아하는 음식이 많은 곳에 ○표 하시오)
  ① 돼지고기, 계란, 해삼, 굴, 게, 새우, 전복, 수박, 참외,
    포도, 배추, 오이, 가지, 호박, 보리, 팥, 피, 녹두, 참깨,
    밀
  ② 닭고기, 양고기, 염소고기, 노루, 꿩, 참새, 개고기,
    명태, 고등어, 미꾸라지, 뱀장어, 대추, 사과, 귤, 복숭아,
    토마토, 시금치, 미나리, 양배추, 홍당무, 쑥갓, 감자, 파,
    마늘, 후추, 생강, 들깨, 엿, 꿀, 찹쌀, 조
  ③ 소고기, 우유, 배, 밤, 호두, 은행, 흑설탕, 무, 도라지,
    연근, 고사리, 마(산약), 토란, 밀가루음식, 콩, 율무,
    두부, 콩나물
  ④ 조개류(굴, 전복, 소라, 홍합), 포도, 감, 앵두, 다래,
    모과, 메밀, 채소류
  ⑤ 기 타

16. 다음 음식물 중 평소에 싫어하는 음식물은?
  (음식을 먹은 후 부작용이나 식중독 증세가 있는 경우는
  기타란에 그 음식을 기재해 주십시오)

① 닭고기, 소고기, 우유, 엿, 꿀, 개고기, 땅콩
② 메밀, 배추, 소고기, 우유, 배, 수박, 참외, 오이, 고구마,
　밤, 호두, 녹두, 보리, 팥, 돼지고기
③ 계란, 닭고기, 돼지고기, 개고기, 염소고기, 배추
④ 소고기, 설탕, 무, 조기
⑤ 기　타

17. 당신의 얼굴은 다음 중 어느 항목에 가장 가까운가?
① 얼굴이 다소 길고, 머리가 앞뒤로 나왔다.
② 얼굴이 갸름하고 둥글며 이마가 나왔다.
③ 얼굴의 윤곽이 뚜렷하고 각형이다.
④ 머리가 크고 정수리가 솟아 있다.
⑤ 기　타

18. 당신의 입술 색깔은?
① 약간 붉은 빛이 돈다.
② 황백색이다.
③ 갈색이나 검은 빛이다.
④ 흰 편이다.
⑤ 기　타

19. 당신의 얼굴은 다음 중 어디에 해당되는가?
① 입은 보통 크기이며 입술은 얇다.
② 눈, 코, 입이 작고 섬세하다.
③ 눈, 코, 귀, 입이 대체로 크고 입술이 두텁다.
④ 이마가 넓고 광대뼈가 나와 있다.
⑤ 기　타

20. 당신의 눈빛은 다음 중 어디에 가장 가까운가?
　① 눈빛이 반사적이고 예리하다.
　② 눈에 정기가 없다(눈에 힘이 없다).
　③ 눈빛이 밝지 않고 침침하다.
　④ 눈에서 빛이 난다.
　⑤ 기　타

21. 당신의 가슴은?
　① 넓고 튼튼한 편(근육형)이다.
　② 빈약하고, 허리가 구부정하다.
　③ 넓고 잘 발달되었다(비만형).
　④ 가슴이 벌어졌고 견실하다.
　⑤ 기　타

22. 당신의 수족은?
　① 수족이 따뜻한 편이다.
　② 수족이 차며 잘 트지 않는다.
　③ 수족이 더우며 잘 튼다.
　④ 전신이 뜨겁다.
　⑤ 기　타

23. 당신의 피부는?
　① 붉고 거칠다.
　② 부드럽고 땀구멍이 작다.
　③ 두텁고 땀구멍이 크다.
　④ 부드럽고 마른 편이다.
　⑤ 기　타

24. 음성은 다음 중 어디에 해당되는가?
  ① 낭랑하다.
  ② 조용한 편이다.
  ③ 탁하다.
  ④ 굵다.
  ⑤ 기 타

25. 말을 할 때 평소 습관은?
  ① 말을 함부로 막하는 편이다.
  ② 말을 조용히 많이 하는 편이다.
  ③ 말수가 적다. 간혹 더듬기도 한다.
  ④ 짧게 명령하듯 한다.
  ⑤ 기 타

26. 당신의 대변 상태는?
  ① 약간의 변비가 있어도 고통스럽다.
  ② 변이 무르고 혹시 변비가 있어도 불쾌감이 별로 없다.
  ③ 변비가 자주 생긴다.
  ④ 대변 보기가 부드럽고 양이 많다.
  ⑤ 기 타

27. 평소 건강할 때 자주 느끼는 증상으로는 어떤 것이 있는가?
  ① 건망증이 있다.
  ② 한숨을 잘 쉰다. 팔다리가 떨리는 증세가 있다.
  ③ 가슴이 두근거린다. 눈이 쉽게 피로하거나 아프다.
  ④ 가슴이 답답하고 막힌 듯하다.
  ⑤ 기 타

28. 잘 걸리는 병증으로 어떤 것이 있는가?
　　(대체적으로 많은 곳에 ○표 하시오)
　　① 변비, 건망증, 코피, 구역증
　　② 소화불량, 신경예민, 설사, 수족무력, 요통
　　③ 가슴이 잘 뛴다, 감기, 변비, 눈이 까칠까칠하다
　　④ 요통, 하지무력, 구토증, 목에 이상감각
　　⑤ 기　타

체질 판정

① → (　　　　)　　　　① + ④ → (　　　　)
② → (　　　　)
③ → (　　　　)　　　　② + ③ → (　　　　)
④ → (　　　　)
⑤ → (　　　　)

• 당신의 체질은
　소양인, 소음인, 태음인, 태양인이다(○표 하시오).

설명

28개 항목에 '○'표를 한 뒤에 ①번의 개수를 헤아려 ① −(　) 의 안에 써넣고 ②번, ③번, ④번도 역시 개수를 헤아려 써넣는다. 제일 많은 개수가 있는 곳이 당신의 체질이다.

　① → (소양인), ② → (소음인), ③ → (태음인), ④ → (태양 인)이다. ⑤ → 기타는 체질감별이 안된 경우.

　만약 ①번과 ④번에 1등과 2등이 나오면 양성 체질이고, ②번과 ③번에 1등과 2등이 나오면 음성 체질이다.

　이로써 각자의 체질을 판별할 수 있다.

사상체질 분류 검사 결과

성격유형검사(MBTI : Myers-Briggs type indicator)를 통해 분석된 결과에 인격구조의 유의를 표한 결과이다.

16가지 성격요인 검사		사 상 척 도			
		태 양 인	소 양 인	태 음 인	소 음 인
일차요인	온 정 성	○			○
	지 능	■	■	■	■
	자아강도	○	○	○	○
	지 배 성	○	○		○
	정 열 성	○	○		○
	도 덕 성		○		○
	대 담 성	○			○
	민 감 성	■	■	■	■
	불 신 감	○			
	사 변 성	○	○		
	실 리 성		○		
	죄 책 감	○	○	○	○
	진 보 성	○	○		
	자기충족성				○
	통 제 력	○	○		○
	불 안 감		○	○	○
이차요인	외향요인	◎			△
	불안요인	△	◎	◎	◎
	강정성요인		△		
	독립요인	○	◎	○	△
	초자아요인	△	△		◎
	독창성요인	◎	◎		

◎ : 강한 유의(有意)반응   △ : 약한 유의반응
○ : 보통 유의반응   ■ : 관련 없음

앞에서 판단된 당신의 체질란에 성격유형의 특성을 자신과 각 항목별로 비교해 보라.

사상체질 성격분류(고전적 분류)

체 질	태양인	태음인	소양인	소음인
장 기	폐대간소	간대폐소	비대신소	신대비소
기 상	(용)높다 (斷氣)	(소)바르다 (正大)	(말)크다 (銳大)	(나귀)적다 (小巧)
성 격	화 냄(暴怒)	즐거움(浪樂)	슬 픔(暴哀)	기 쁨(浪喜)
감각의 특징	청 각	후 각	시 각	미 각
동 작	항상 머리를 번쩍 들고 있다.	의젓하고 듬직하다.	등을 뒤로 젖히고 보행시 몸을 흔든다.	보행시 앞을 수그리고 얌전하게 걷는다.
감정상태	조급한 생각	공포심	경계심	불안감
기 질	욕구가 강하고 물러나지 않음 欲進而不欲退	욕구가 적고 행동도 적음 欲靜而不欲動	욕구는 많으나 사용 못함 欲擧而不欲措	욕구가 있으나 표현 못함 欲處而不欲出
행 동	의욕과잉으로 주위와 화합이 안 되며, 재질이 뛰어나지만 독선적이다.	언행이 듬직하고 무거우며 행동이 느리고 엉뚱하고 때로는 능글맞다.	잠시도 거동이 안정되지 않고 자주 움직이고 누구에게나 호전적이다.	움직임이 적고 남과 시비가 적고, 교제를 싫어한다. 안에 들어앉기를 즐긴다.
성 품	단정하고 깔끔 (端雅)하고 용모와 의복, 집안을 정돈하고 자주 씻는다. 남의 불결함을 이해하지 못한다.	남에게 관대한 듯하나 무관심한 쪽이며 동료감이 있고 앞에 나서지 않으나 동조는 잘해 준다. 평범하게 보인다.	박력도 있고 추진력이 있으나 조급하고 서둘러 뒤처리가 약하다. 자세가 곧고 바르나 안정감이 없다.	얌전하며 조용하게 보이나 이해심이 적고 내향성이 심하고 혼자 있으며 주변을 잘 정돈하지 않고 생각이 많다.
성 미	양성적·외향적 성미 (爲雄而不欲爲雌)	집안일에 충실 (內守而不欲外勝)	바깥일에 충실 (外勝而不欲內守)	음성적·내향적 성미 (爲雌而不欲爲雄)
생활특기	교제 많음(交遇)	한곳 거주(居處)	일이 많음(事務)	처리 잘함(黨與)
재 간	유능하다(疏通)	마무리 잘함(成就)	바르게 처리(剛武)	침착하다(端重)
성 격	독창적이고 착상이 뛰어나 의견이 강하고 독주하며 비협조적이다.	웅장한 계획과 치밀한 이해득실을 앞세우고 욕심이 많고 음흉하다.	비판적이고 명철, 민첩하고 경솔한 편이며 타산적이나 체념도 빠르다.	섬세하며 조직적이고 총명한 편이다. 무기력하여 활동력이 부진하다. 우유부단하다.

사상체질의 고전적 표현

태양인(太陽人)은 성질장어소통이 재간능어교우(性質長於疏通而 材幹能於交遇)라 하여 무슨 일이나 막힘이 없이 탁 트이게 처리하고, 재간(材幹)은 친구들과 사귀는 일에 유능(有能)하며 성질소통 우유과단(性質疏通 又有果斷)이라 하여 남들과 잘 소통(疏通)하고 과단성(果斷性)이 있다.

소양인(少陽人)은 장어강무이 재간능이사무(長於剛武而 材幹能於事努)라 하여 성질이 대쪽 같고 곧고 단단하며, 재간(材幹)은 공사간에 이해를 초월하여 처리하는 데 유능(有能)하다고 했으며, 또한 표예호용(票銳好勇) 즉 말하는 것이나 몸가짐이 경술하게 날래며 용맹을 좋아한다.

태음인(太陰人)은 장어성취이 재간능어거처(長於成就而 材幹能於居處)라 하여 무슨 일이나 착수한 것은 끝까지 붙잡고 늘어지는 인내심과 지구력이 강하다. 재간(材幹)은 일정한 곳에 오래 참고 견디며 거처하는 데 유능하다고 했고 기거유의이 수정정대(起居有儀而 修整正大)라 하여 몸가짐이 위의(威儀)가 있고 무슨 일에도 잘 가다듬으며 공명정대(公明正大)한 태도를 갖는다.

소음인(少陰人)은 장어단중이 재간능어당여(長於端重而 材幹能於黨與)라 하여 단정(端正)하고 침착(沈着)하여 무슨 일이나 침착하게 생각하고, 재간(材幹)은 조직과 처리하는 데 유능하다고 했고 체임자연이 간이소교(體任自然而 簡易少巧)라 하여 몸가짐은 자연스럽고 간이(簡易)하며 잔재주가 있다.

Ⅳ. 인격 발달

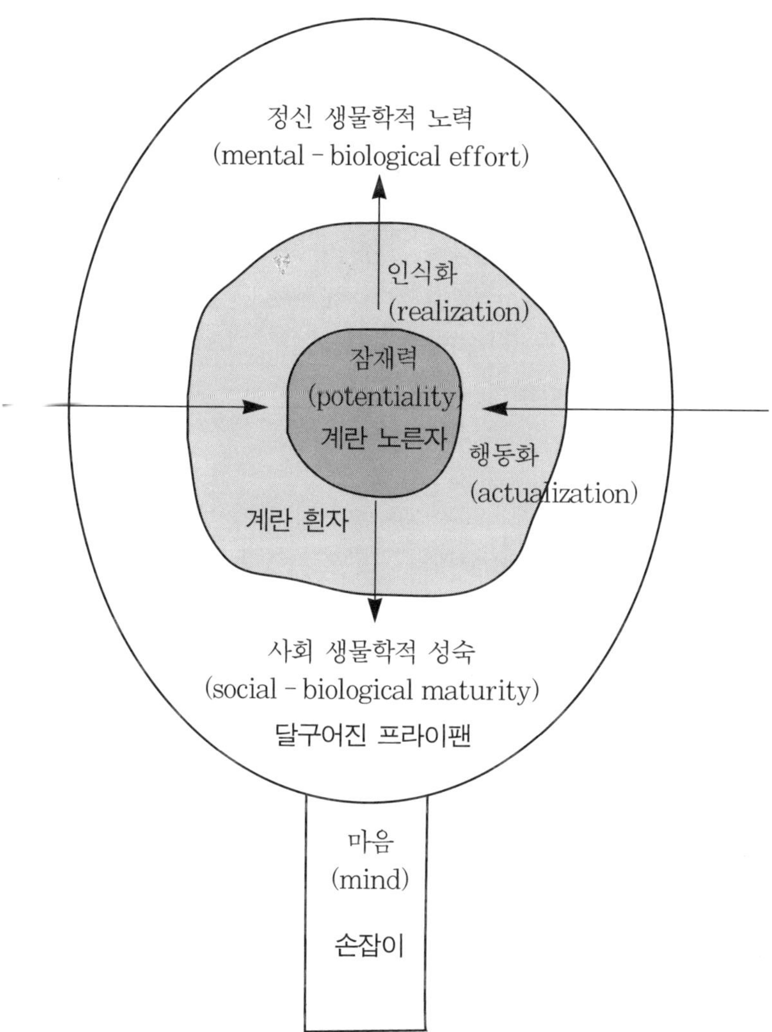

정신의 작동을 시작시키고 인식되게 하고 행동화할 때 잠재력은 더욱 상승되며 사회적 성숙도가 깊어진다. 이 메커니즘은 다시 마음을 풍요롭고 성숙된 주체로 자리잡게 한다.

〈그림 1〉 인격의 잠재력에 의한 성숙도

욕구는 문제를 낳고 인격을 자라게 한다

이미 누구나 출생시에 어느 정도 특정한 정신 양식이 결정되지만 대부분의 경우 출생시에는 인격발달의 잠재력(potentiality)만 존재하게 된다. 이 잠재력이 인식화(realization)되고 행동화(actualization)될 때 정신 생물학적 노력과 사회 생물학적 성숙의 과정이 조화를 이루는 방향으로 건전하게 진행되기도 하고 아니면 여러 가지 인격 요소의 성장이 고르지 못하게 되어 정지 혹은 후퇴하기도 한다.

〈그림 1〉 설명

잘 달구어진 프라이팬의 사회적·정신적·생물학적 열기에 의해 계란의 노른자와 흰자가 지글지글 익혀져 가는 과정을 통하게 된다.

이미 노른자가 곯아 썩은 상태에서 익혀질 경우가 있을 수도 있고 신선한 노른자이지만 너무 불이 뜨거워 타 버리는 수도 있다. 계란 흰자는 본래 상하는 경우가 드물고 노른자의 신선도나 프라이팬의 적당한 열기에 의해 흰자 자신이나 노른자에 영향을 준다. 가장 중요한 마음의 손잡이에 의하여 전체가 움직인다.

달구어진 프라이팬은 사회적 환경과 정신적 교육을 통하여 흰자가 익혀져 가는 인식과 행동의 숙성과정이다. 여기 노른자 잠재력은 본래 변화가 없는 것으로 선천적이다. 이것은 좋은 성향으로든지 나쁜 성향으로든지 간에 한번 택하여진 것이다. 따라서 잠재력은 변하지 않지만 교육과 환경을 거쳐 인식되고 행동화됨으로 인격이라는 계란 전체가 잘 익혀지거나(숙성) 잘못 익혀진다.

전 인격체
(total personality)
지향성
(intention)
경향성
(tendency)
인격형성 단계
(formation)
확신 단계
(conviction)
인식 단계
(recognition)
교육적 계시를 통해 안정됨
(educational revelation)
안정지향 단계
(stabilization)
간혹 이탈됨
(secession)
회복성향 단계
(recovery)
환경의 자극 단계
(stimulation)
부모의 영향 단계
(parents)
자아의 단계
(ego)
자아로 성숙되는 단계
(maturity)
기초 단계
(personality potentiality)

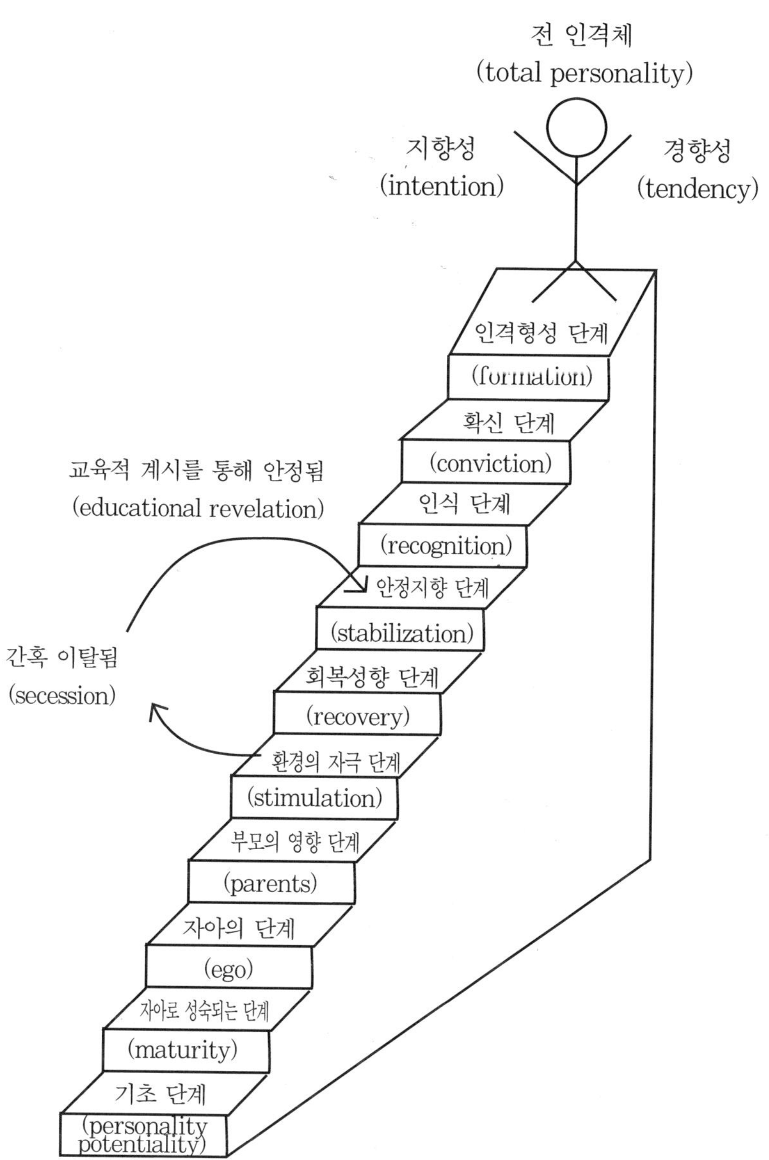

〈그림 2〉 인격 성숙의 단계

인격 발달에는 몇 가지 성숙단계가 있다

각 계단마다 특수한 욕구와 문제가 있다. 이는 바로 이어서 해결되기도 하고 그 다음 계단은 바로 전 계단의 발전 결과로 다시 욕구와 문제를 파생시키고 다시 해결되는 스토리가 있다. 만약 어느 초기계단에서 해결되지 못한 문제의 잔재는 다음 계단으로 이행되며 이것이 쌓이면 곧 인격의 문제를 일으킨다.

예를 들면 인식이 발달되는 어린 시절에 술만 마시며 자기 엄마를 때리는 아버지를 경험한 경우, 성숙단계에서 술을 못되게 마시는 어른과 술을 건전하게 마시는 어른에 대한 구분 없이 전부를 증오하게 된다. 소아기를 지나고 청소년기에 이르면 이 성향은 더욱 구체화되어 술 마시는 담임 선생님에 대한 반항의식으로 변질되고 학업에 나쁜 영향을 일으키게 된다. 이런 종류의 장애는 어린 시절로 되돌아가 술 마시는 아버지에 대한 애증을 정리하지 않으면 계속 나쁜 방향으로만 영향을 미친다.

이와 반대로 술 마시는 아버지가 엄마를 사랑하는 애정표현이 적극적이면 술 마시는 모든 어른에 대한 이해심이 높아진다. 또한 학창시절 술 마시는 담임 선생님에 대해서도 이해할 줄 알게 되어 좋은 영향을 받을 수 있다. 그리고 건강을 위해 혹은 신앙적 충고에 의해 금주하도록 권면해도 이를 건전하게 받아들일 수도 있는 것이다.

사회적 가치관에 대한 한 가지 한 가지의 의미, 즉 술, 담배, 인물, 학업력, 지적 소유력, 자신감, 우월감, 열등감이나 윤리, 도덕, 관습, 철학, 인생관, 가정, 민족, 국가관, 세계관 등에 이르기까지 개별적 체험과 욕구와 인식, 문제의식과 해결을 통해 계단에 따라 변화되어 발전이나 혹은 퇴보를 이루어 간다. 대체로 특별한 경우를 제외하고는 단계상 악영향은 곧바로 이어지는 선의적 영향에 의해 정상으로 되돌아가고 일반적이고 상식적인 바람직한 길로 발전되어 간다.

　그러나 최고의 경지에 이르는 인격의 완성 단계는 이론상 가능할 뿐이고 구체적인 성취는 물론이고 확인 자체가 불가능하다. 제시할 만한 모델이나 완성된 인격체가 없기 때문이다. 그래서 전인적 인격체를 바라보는 지향성(푯대를 향해)과 경향성(닮아 가려는)만을 지니게 된다.

　〈그림 2〉 설명

/안전 인격 형성
/확신으로 인격 설정
/인격관을 인식
/인격의 안정화(어른스러움)
/자아의 회복(유아적 자아가 성인화)
/교육, 환경의 자극(부모 밖의 자극)
/부모로부터 절대 영향
/자아 확립(유·소년적 수준)
/유아기적 성숙
/잠재된 인격성

인격은 모태에서부터 시작된다

　의학적으로 모태 속 자궁 내 환경이 육체적 유전이나 특징은 있지만 인격적 소인, 즉 엄마 뱃속에도 과연 인격이 자리하고 있을까 하는 의문에 대해 아직까지는 그러하다고 밝혀진 바가 없다.

　하지만 성경의 "내가 너를 복중(womb, uterus)에 짓기 전에 너를 알았고"(예레미야 1:5)라는 구절은 그 의미하는 바가 크다고 하겠다. 하나님은 뱃속 아이와 이미 인격적 만남을 이룩하고 계심을 알 수 있다.

의학적으로도 선천적인 생화학적 측면이나 뇌의 전기적 반응의 측면에서 보는 모태의 유전적 요소를 부정하는 것은 아니다. 다분히 가능성은 있다 하더라도 밝혀진 바는 없다.

예를 들어 반여성, 반남성의 경우를 보자. 태어나기 전 성생식 호르몬이 완전히 결핍되어 여자로서 자식을 임신할 수 있는 기능이 없는 여자의 경우, 외형은 여자이지만 그 속에는 여자의 특성과 기능이 없기 때문에 속은 남자로서 겉과 속이 완전히 다르다. 이 때에 이 반여성의 경우 겉으로는 여성생식기를 가지고 있으나 유전적으로는 남자아이인데도 부모가 첫 18개월 정도를 여자로 키우면 여성으로 성장하게 된다. 그리고 단계적으로 계속하여 여성으로 자라나기는 하지만 사춘기에 이르러 강력한 남성 호르몬의 영향에 의해 육체적으로는 남성이 되기 때문에 심리적 괴리감에 빠져들게 된다. 외형상 여성인데도 남성인 관계로 여성을 이성적으로 좋아하고 여성을 동성으로 인식하지 못해 본인이나 사회로부터 비인륜적이라는 지탄을 받게 된다. 심하면 "사탄, 마귀, 귀신에 들렸다"고 매도당하는 수도 있다.

어렸을 때부터 받았던 여성으로서의 교육과 사춘기에 발산되는 육체적 호르몬의 영향에 의한 반대적 성반응은 이전 단계에 비해 상당히 급격한 변화를 일으켜 심리적 갈등뿐 아니라 육체적 문제를 일으키게 된다. 즉 정신(인격)은 여성으로 교육받았는데 육체는 자꾸 남성화되어 간다. 전문적 진단이 없는 이 경우에 외형적 여성생식기 때문에 자신과 주변 사람들이 여성의 인격을 갖도록 계속하여 억압하고 학대하게 되며 실제적으로 남성만이 지닌 수염이 난다 하더라도 이를 감추려 하게 된다.

이와 같이 모태 속에서 호르몬과 같은 육체적 조건이 인격과도 관련 깊은 것이 사실인 점에 비추어 의학적으로 확실하게 증명되지는 못했다 하더라도 그 가능성은 지대하게 높다. 부모의 난자와 정자가 수정되면서 결정된 남녀의 성별에 따라 구별되는 심리적 차이는 이미 뱃속에서부터 인격의 잠재력이 존재해 있음을 의학적 사실로 인정할 수밖에 없도록 한다. 성경의 표현이 분석적이라기보다 메시지를 강조하며 사실 그대로를 적나라하게 광의적으로 나타낸다고 볼 때 성경에서 말하는 '복중에 인격을 지으심'은 의학적으로도 일맥 상통한다고 볼 수 있다.

성숙단계의 인본주의 이론(humanistic theory)

아브라함 매스로우(Abraham Maslow : 1908~1970)는 인간이란 자기 실현의 근본적인 욕구가 있는 존재로 본래 선하다는 관점을 가지고 있다.

인간은 순차적으로 욕구가 구성되어지는데 가장 아래 계단에는 생물학적 생존을 위한 욕구가 있으며 그 위에 성장을 추구하는 욕구, 생의 의미를 추구하는 욕구, 그리고 가장 높은 단계로 자신을 초월(self-transcendence)하고자 하는 욕구 즉 자기실현(self-actualization)의 욕구가 있다는 것이다. 이러한 욕구들은 순서적으로 만족되는데 전 단계의 욕구가 만족되면 다음 단계의 욕구가 활성화되며, 각 단계별로 그 선택에 대한 개인의 갈등이 뒤따른다고 하였다.

배고픔과 같은 유형의 생물학적 본능 욕구의 첫 단계에서 삶의 가치를 찾으려는 성취의 욕구로 발전된다. 어린 시절 공을 잘 차던 아이가 어른으로 자라면서 축구 선수가 되고파 하는 여러 단계를 거치면서 갈등과 성취, 실패와 성공의 과정을 통해 자아실현을 이루는 단계로 계속 나아간다.

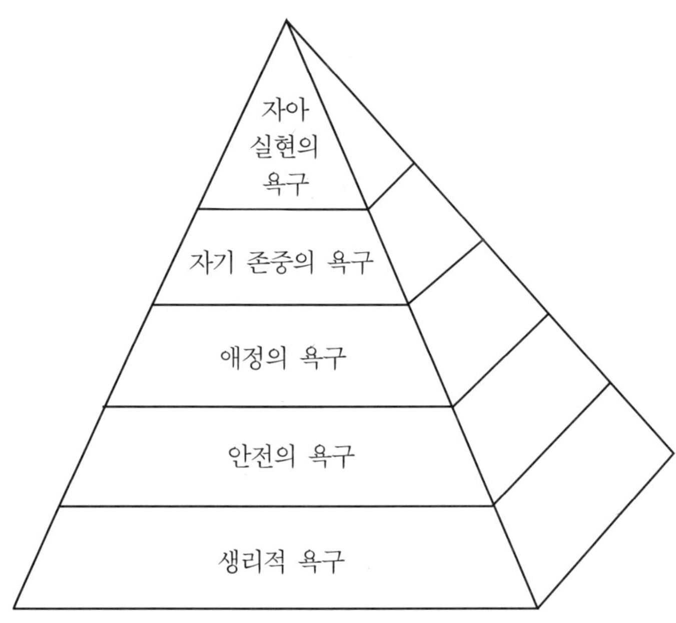

〈그림 3〉 인간의 욕구 단계

피라미드의 하부 구조 욕구는 부분적으로라도 상위 욕구가 중요해질 수 있기 전에 만족되어야 한다. 하부 구조가 견실할수록 상부 구조가 잘 훈련된 욕구를 지니게 된다. 그러나 대부분의 경우 매스로우가 정의한 자아실현을 결코 성취하지 못한다.

인간의 욕구단계 (Maslow's motivational hierarchy)

1) 생리적 욕구 : 오늘 어떻게 먹고 살 것인가?

기본적 욕구로 공복, 갈증, 잠, 성의 욕구 같은 본능적 욕구. 1차적이며 거의 필수적이다.

2) 안전의 욕구 : 내일의 생활은 안전한가?

신체의 안전을 지키고자 하는 본능으로 의식주의 안정적 확보를 위한 욕구이다. 종족보존의 욕구도 포함되며 경제적으로 가난한 사람이 열심히 일하는 것은 근면하기에 앞서 돈이 필요하다는 결핍 동기의 저차원적 욕구이다.

3) 사회적 욕구 : 친구와 함께 하고 싶다

사랑과 애정에 대한 욕구. 타인과 어울리고 수용되고 사회에 뛰어들어 특정한 그룹에 속하기를 원한다. 사교적 욕구로서 친구, 동료끼리 상호 신뢰하고 사랑해서 협조적인 사회생활을 영위하게 되며 비로소 인간다운 삶이 시작된다. 이 사회적 욕구를 소속과 신뢰의 욕구라 한다.

4) 자아 욕구 : 다른 사람에게 인정받고 싶다

자아를 성취하고 유능하다는 승인과 인정을 받고 싶어하는 욕구. 명성, 능력, 그리고 권력을 향한 욕구를 가지며 사회생활을 영위하게 되면 타인과의 교류에 의해 자아를 자각하게 된다. 타인에게 인정받고자 하는 욕구는 이것이 고양되면 자존심이 되고 더 나아가 명예욕으로까지 발전한다. 사회를 위해서 최선을 다하고 훌륭한 업적을 이루었다고 자부하는 사람은 그 의식이 강하면 강할수록 많은 사람의 존경과 칭찬을 받고 싶어한다. 이것이 실현되면 성공했다고 만족한다.

5) 인지적 욕구 : 알고자 하는 욕구, 이해하고 탐색하는 욕구

인간의 수평적 욕구로서 알고자 하며 깨닫고자 하는 의식적 발달 과정 중에 중간상태이다. 우주, 인생, 하나님 등과 같은 의미를 깨닫고자 한다.

6) 심미적 욕구 : 조화, 질서, 미에 대한 욕구

인간의 심성 속에 있는 미학적 요소로서 인간 주변의 조건들을 아름답게 조성하고자 하는 욕구. 집안을 깨끗하게 인테리어하거나 화장을 하고파 하는 동기 등이 이에 속한다. 외향적 모습뿐 아니라 심리적·양심적 요소까지 아름답게 하고자 한다.

7) 자아실현 욕구 : 참다운 자아를 실현하고자 한다

"과연 자신은 이것으로 좋았는가, 무엇인가 중요한 것을 잃고 있지 않았는가"라는 반성을 빨리 알아차리는 것 같은 현명한 지혜 욕구이다. 중요한 것은 타인의 칭찬이 아니라 자기 자신의 만족이다. 자기 실현의 욕구는 인간의 욕구 가운데 가장 고차원적인 욕구이다. 주체적으로 살며 쓸데없는 것을 버리고 정말 자신이 하고픈 것을 해내어 만족한다.

욕구는 불처럼 실현은 바보처럼

생리적 욕구가 자아실현 욕구에까지 이르는 과정은 누구에게나 이루어지는 것이 아니라 무척 드물게 이루어진다. 욕구는 불처럼 요구되나 그 실현이 바보처럼 어려워질 때 포기하고 만다. 때문에 욕구가 만족스럽게 이룩되면 인격 또한 이에 비례되어 성숙되려고 한다. 하지만 욕구가 만족되지 않는 경우에도 인격이 잘만 다스려

지고 위로받아지고 합리화되어지면 욕구의 불만족보다 훨씬 높은 인격의 성장을 이룩할 수 있다.

• 매스로우의 성선설(사람은 태어날 때부터 선하다는 가설)에 비해 성경은 창세기 8장 21에 "이는 사람의 마음의 계획하는 바가 어려서부터 악함이라"고 하여 성악설을 설정하고 있다. 따라서 인간은 원죄의 피에서 태어나 점차 연단과 훈련(십자가의 길)을 통해 인격화되어 간다.

인격의 세 가지 구조

인격이란 말은 흔히 쓰이지만 이에 대해 처음과 끝은 무엇이며 그 기능과 구조는 어떠한 형태로 자리하는가 하고 물으면 그 대답은 상당히 황당하고 막연하며 애매하기 짝이 없다. 그럴 듯한 의학적 설명이나 고개를 끄덕거릴 만한 신앙적 설명도 사실 억지로 꿰어 맞춘 듯한 느낌이지 시원하게 적절한 전체의 모습을 나타내어 설명해 내기는 어렵다.

그렇지만 인격에 관하여 말을 서로 나누어 보면 이 의미가 꼭 그렇게만 황당무계한 것은 아니다. 어느 선에서 막연하지만 상호 이해가 되어지게 된다. 이런 한계 내에서 이제 인격의 모습에 관한 가설적 설명을 하고자 한다.

이렇게 가설적으로 만들어진 구조설명은 인격의 해부학적 개념보다 그 역동적 개념에서 이해하기에 쉽다. 이 구조적 설명은 사실의 실체이거나 독자적으로 행해지는 것이 아니라 상호 연관된 역동적 기능교환에 의해서만 나타나게 된다.

프로이드(Freud)는 인격(성격)을 본능(本能 : id), 자아(自我 : ego), 초자아(超自我 : superego) 등 세 체계의 역동적 구조개념으로 설정했다. 이것을 구조적 이론(structural theory)이라 한다.

이 세 체계의 정신적 구조는 각자의 기능(function), 활동원리(operating principle), 고유성(property), 기전(mechanism) 등을 가지고 있으며 또한 상호 밀접한 관계를 유지하고 있다. 정신이 건강한 사람은 이 세 체계가 통합되고 조화를 잘 이룸으로 환경에 잘 적응할 수 있게 되며, 세 체계가 조화된 조직체로서 협동적인 사명을 다 못했을 때는 환경과의 부작용을 초래한다.

(1) 본능 (id : 本能)

원시적인 생물적 충동을 본능이라고 한다.

인격의 본능적 부분이다. 생물학적 요구와 충동으로 구성되어 생존에 필요한 음식, 공기, 물, 영양분 등을 찾는 본능적 욕구로서 기능. 이 원초적 욕구는 생명의 유지, 생식기능, 자기 보전, 종족 보존 등의 기능을 가진다. 정서면에 있어 고통과 재난 및 분노를 피하려 한다든가 하는 유형을 지닌다.

1) 방어적이며 공격적인, 그리고 싸우거나 겁나면 도망가려는 (fight-or-flight) 성향이고

2) 지극히 자연에 의존하고자 하려는 소망이 있으며

3) 성적인 소망이 있다.

4) 본능은 무의식(unconsciousness)에 잠겨 있다.

본능은 인식되어지지 못하고 느껴지지 못하고 보이지 않으며 오직 행하여질 뿐이다. 이 원시적 욕망을 프로이드는 쾌락원칙 (pleasure principle)의 지배를 받는다고 말하고 있다.

이는 현실을 고려치 않고 본능적 욕구에 대해 즉각적인 만족을

얻기 위하여 쾌락을 추구하도록 만든다. 긴장과 스트레스는 항상 고통과 불쾌함을 경험하게 하고 누구나 이에서 해방될 때 순간적 쾌감과 만족을 얻게 된다. 이 쾌락의 사고를 일차과정사고(primary process thinking)라고 하는데, 이는 무의식적으로 불쾌, 고통을 피하고 욕구를 만족시키려는 방향으로 가려고 한다.

프로이드는 본능을 마치 동물적인 듯 표현하지만 이러한 극단적 인식보다는 절대적 권능자 하나님이 지으신 세계가 종족번식이라는 절대 명제 아래 본능이라는 기초적 욕구를 창조해 낸 것으로 여기는 것이 합당할 것이다. 다시 말하면 본능이란 동물적 행위로 더럽고 추하고 거룩하지 못하기 때문에 이를 절제치 못하면 마치 비인격자이고 덜 수양된 것으로 많은 사람이 생각하고 있다.

이런 왜곡된 본능에 관한 지식이 하나님께서 지으신 육체의 아름다운 모습을 에덴동산 이후의 타락으로 취급하여 본능과 육체를 쓰레기통에 처박아 버린 것이다. 사실 육체적 본능은 성적 교류, 이성간의 사랑, 음식욕, 수면, 안락 등과 같은 기본적인 욕망을 기기묘묘하고 신묘막측한 인간의 해부학적·생리학적 기능과 구조를 가지고 아름답게 꾸며 놓았음을 명심해야 할 것이다.

본능(id)은 다음에 말할 자아(ego), 초자아(superego)와 함께 공존하는 것이지 본능의 독자적 운동과 욕구만은 있을 수 없다. 때문에 id는 ego, superego와 함께 통제되고 조화되어 좋은 나무에서 아름다운 꽃이 피어나듯 "보시기에 좋았더라"가 된다.

이런 id, 본능을 추잡한 것, 음행적인 것으로 던져 버린 한 가지 예를 들어 본다.

훌륭한 목사님과의 대화가 있었다. 목회도 성공적이시고 그 지방 목회자들에게도 상당한 존경을 받는 여러 면에서 영적·지적 능력이 충만한 분이시다. 이 목사님의 사모님은 매일밤 철야기도를 하시고 새벽기도를 마치신 후에 목사님께 아침 식사를 대접해 드린다고 했다. 그런데 이 사모님은 목사님과의 침실을 거절하시는 것이다. 거룩한 하나님의 사자가 왜 육체적 정욕을 좇아 부인에게 접근하느냐는 것이다. 이 목사님은 자신의 성적 충동을 절제하지 못해 굉장한 고통에 빠져 있었다.

이런 난센스가 어디 있는가? 성경 창세기 2:24에 "아내와 연합하여 둘이 한 몸을 이룰지로다"라고 되어 있는데, 이는 한 몸(one flesh)이란 영어 표현에서 보듯이 육체적 결합 즉 성관계, 즉 본능적 사랑을 뜻하는 것이다. 이 2장은 아담과 하와가 아직 에덴동산에서 타락되기 이전, 즉 25절에서 "벌거벗었으나 부끄러워 아니하니라"라고 했듯 타락 이전 상태로 하나님의 성결성이 충만한 상태에서 이루어진 일이다.

이와 같이 하나님은 부부간 육체적 성관계를 이미 거룩하게, 짝지어 놓은 부부간에는 본능적 욕구를 서로 충족할 수 있도록 만들어 놓으신 것이다. 의학적으로도 서로 다른 호르몬의 형태와 이 호르몬의 특성은 이성을 찾도록 욕구를 부르는 성적 충동과 해소를 원하게 만들어져 있다. 때문에 짝지어진 부부간에의 성적 사랑은 종족번식이라는 목적 이전에 하나님이 아름다워하시는 것이고 이것은 혼외 간음이나 추악한 성적 쾌락과 엄연히 다른 것이다.

이 id는 ego와 superego를 통해 더욱 성숙되고 규제되며 욕구를 서로 보충해 주게 된다. 따라서 id에 관해 프로이드는 동물적 상태로만 인식하고 있으나 이보다 본능은 훨씬 인격적 구조를 지니고 있음을 성경에서 볼 수 있다.

(2) 자아(ego : 自我)

현실을 검증하는 자아, 우리가 살고 있는 세계와 관계를 수립하는 인격기능의 일부이다. 우리가 스스로 의식적으로 조정할 수 있는 마음의 부분이다. 자아는 환경과 접촉되어 현실(reality)을 감지하며 형성되기 시작한다.

※ 의식상의 지각(perception), 사고(consideration), 감각(sensation) 및 행동(action)에 의해 환경(environment)에 대처한다. → 이것이 현실이 되어 판단하고 타협하고 해결되며 방어하게 된다.

자아는 개체로 하여금 객관적 현실을 이해하고 판단력을 갖게 하며 현실적인 생활을 하게 하고 사회규범을 따르게 하는 부분이다. 이를 현실원칙(reality principle)이라 한다. 이 원칙은 즉각적인 본능적 충동이나 욕망 같은 만족을 거부하거나 당분간 지연시키는 대신 자아이 성숙으로 디 큰 쾌감을 얻는 것을 복표로 한다. 이 사고 과정을 2차 과정 사고(secondary process thinking)라 한다.

이 2차 과정 사고의 행동 양식은 즉각적이고 본능적인 욕구만족을 보다 더 나은 목적을 위해 연기·지연시키고, 더 나은 이익을 위해 절제·보류시키게 된다. 논리에 따라 행동하고 상반된 서로 다른 생각들의 동시적 공존을 허용하지 않으며 감정보다 이성에 의해 행동을 결정하게 한다.

자아는 부모와 닮아 가려는 동일시(identification)에 의해 완성되어 가며 성인으로 자라면서 더욱 강하며 성숙해진다. 이는 부모로부터 키와 같은 체형이나 얼굴의 닮은꼴 같은 외형적 동일시뿐 아니라 정서와 인간성, 인격성에까지 지대한 영향으로 동일시되어 간다는 것이다.

이 자아는 자신의 지각과 기억들, 현실에 대한 평가와 검증, 경험 등을 종합하여 내부 세계(정서 세계)와 외부 세계(환경) 사이의 중재 작용(mediation)과 조정(intercession)을 해 줌으로써 인격을 통합하고 집행하는 기관이라고 말할 수 있다.

strong ego : 자아의 힘이 강하고 또한 성숙되어야 인간은 원하는 삶을 바르게 살 수 있다. 자아가 개체로 하여금 이치에 맞게, 현실에 알맞게, 사회적 욕구에 합리적(reasonable)으로 기능할 때

강한 자아라 한다. 이 강한 자아는 본능을 승화 조절하여 생활에 적응해 나간다. 융통성 있게 말이다.

weak ego : 융통성이 없어 반복되는 방어를 되풀이해서 신경증적(neurotic), 정신병적(psychotic) 증상을 나타내거나 성격상·인격상의 결함을 노출시키게 된다.

약한 자아의 예 :

① 본능을 현실에 잘 맞추어 억제·조정한다.

본능이 "당신을 죽이고 싶다" 하면 실제적으로 사람을 죽이면 자신도 형벌에 의해 사형을 당한다는 자아의 지각이 있기 때문에 현실을 인식하고 대처방법을 강구하여 욕구충족을 지연시키거나 대안을 제시하게 된다. 권투 글러브를 끼고 링에서 싸우거나 테니스, 사냥 같은 스포츠를 통해, 혹은 죽이는 공상을 하거나 하는 등의 정당한 듯하면서도 비정상적인 사고의 발로가 있는 행동을 하게 된다. : 본능 쪽으로 기운 자아

② 초자아의 욕구와 희망을 현실에 맞추어 억제·조정한다.

가난한 이웃을 보고 전 재산인 1억을 희사하려는 초자아의 욕구에 대해 살아갈 집, 학비, 옷값, 저축 등을 현실적으로 계산하고 난 뒤 천 원 정도를 구세군 냄비에 넣는 경우이다. 이 의식이 반복되면 억제되는(inhibited) 고루한 인격이 된다. : 초자아 쪽으로 기운 자아

(3) 초자아(superego : 超自我)

초자아란 자아의 기능을 관찰하고 평가하는 마음의 부분으로 쉽게 말해 양심과 같은 것이다. 이는 사회적인 현실과 관계되는 자아(ego)의 경험에서 발달된다.

부정 : 자아로 하여금 본능의 직접적인 표현을 막고 무의식적이

며 무분별한 본능의 충동에 대한 여러 가지 방어기전을 쓰게 하는 양심(conscience)의 부분. 본능의 욕구에 대해 "안 돼"라고 말하는 금지, 절제와 같은 부정적 성질을 가지고 있다.

긍정 : 한 개인이 동일시하려는 사람과 비슷한 양상의 행동을 하게 되는 자아 이상(ego ideal)이라고 하는 것으로 오랜 기간 자각한 이상적인 기준을 설정하고 이에 따라 "누구처럼 되자" 하고 갈망하는 긍정적인 성질을 갖는다.

양심과 초자아의 차이는 양심은 초자아에 비해 의식적이며 분변력이 있는 반면 초자아는 의식적인 면과 무의식적인 면을 함께가지고 있어 의식적이면서도 잠재적 인성도 같이 포함하고 있는 것이다.

4~6세의 아이들은 부모의 우월한 힘에 복종하면서 자신의 행위에는 제약감을 느낀다. 어린아이는 자신의 행위뿐 아니라 다른 사람의 행위를 사회적 규범에 의해 판단할 수 있다. 어린이는 어른이나 동료 어린이들과 어울려 놀고 행동하고 생각하면서 자신의 견해를 다른 사람과 비교하여 올바로 판단할 수 있게 된 후에야 자신의 견해를 수정할 수 있다. 그 결과 덜 속박(구속)적이고 더 개방적이고 협조적이고 도덕적인 현실을 인식하게 된다.

초자아는 현실보다 이상향이기에 현실의 적응에 도전받으면서 다시 좌절되기도 하고 간혹 현실을 이상적으로 변화시키는 계기가 되기도 한다. 또한 죄악이나 비양심에 대해서도 대단히 교훈적이고 통제하는 협조자로 사용되어진다.

인격구조의 역동적 관계 (dynamic relation, id.ego.superego)

ego의 에너지는 인격의 세 체계를 통괄하며 내부를 조화시키고 외부환경에 적응되도록 한다. 인격형성에 있어서 세 체계의 에너지량은 일정하고 비슷하다. ego가 에너지를 많이 소유하게 되면 ego가 강하여지고 이와 상대적으로 id와 superego는 약하여진다. 인격의 역동성이란 형성된 인격을 통하여 에너지의 양에 상대적 변화를 가져와 세 체계 사이 균형의 차이에 따라 그 사람의 인격적 행동이 결정된다는 의미이다.

예를 들어 superego가 강한 사람은 지나친 양심의 작동에 의해 결벽증과 같은 죄에 대한 완벽한 거부감을 지니게 된다. 길거리에서 10원짜리 동전을 주워도 철저히 신고하는 자세 같은 자신의 죄 없음을 완전히 스스로에게 고백하지 않으면 견디지 못하는 인격이 형성된다.

반면에 id의 지배를 많이 받으면 충동적인 사람이 되어 죄의식을 느끼지 못하고 사회적으로나 타인에게 막대한 손해를 주더라도 양심의 가책을 전혀 느끼지 못한다. 이처럼 인격의 에너지 체계가 어느 위치에 있느냐에 따라 그를 평가할 수 있다.

반드시 superego가 강하다고 해서 바른 인격은 아니다. superego가 강하면 융통성이 적고 지나친 원칙론과 윤리성 때문에 비합리적인 성격을 소유하며 매사에 두려움과 억압감과 불행을 스스로 자처하게 된다. 오히려 ego가 이상의 목표에 잘 순응되고 혹은 다 가가려는 노력을 보일 때 superego는 ego의 꾸준한 확장성으로 만족감을 느끼게 된다.

자아(ego) =　　　　혼 (魂 : mental source)
초자아(superego) = 영 (靈 : spiritual source)
본능(id) =　　　　육 (肉 : physical source)

성경에서 표현하는 영·육·혼의 三元說과 비교해 보면 유사성이 강하게 보인다.

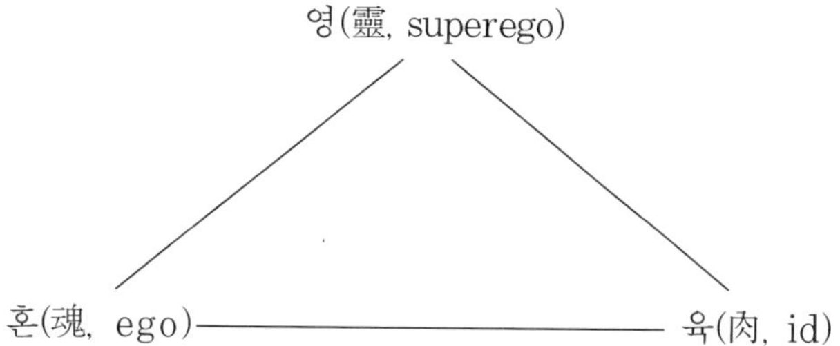

〈그림 4〉 성경상 인간의 관계 구조와
인격의 역동적 관계구조의 상호 뮤사성

• 혼이 도덕적·정서적으로 안정되면 영이 만족한다(양심에 따라
바르게 살기).
• 육이 건강하고 바르면 혼이 정돈되고 영이 고정된다(건강한
육체에 바른 정신이 자리한다).
• 영이 순결하면 혼이 고요하며 육이 통제되어진다(영혼의 잘됨
에 범사가 형통한다).

성장기에는 인격적 도전과 위기가 도래한다

자아적 관점에서 볼 때 인격은 점차 발전되고 그들의 부모, 형
제, 친구, 친척, 친구 등과 같은 주변 사람들과 상호관계를 통하여
당연한 도전과 극복을 위한 위기에 내던져진다.

1) 아동기 초기의 정신·사회적 위기

이 시기는 자율성(personal autonomy)이라는 자아인식의 태
동기로서 수치감(shame)과 같은 정상적 정서(이 시기에 당연해
보이는)와 의심(doubt)이 강하게 나타난다. 그러다 가까운 부모에
대한 수치와 의심이 해소되기 시작하면서 주변 사람들에게도 부모

처럼 점차 해소의 과정을 밟아 간다.

2) 아동기 후기의 정신·사회적 위기

자발성(initiative)과 죄의식(guilt)이 중복된 정서 시기로서 모든 생각과 행위를 독자적으로 하려고 하면서도 이 움직임에서 오는 실수와 좌절(특히 부모로부터 오는 질책 같은 억제에 의해)이 있을 때 자신의 잘못에 대한 죄책감을 갖추게 된다. 이에 대한 적절한 위로와 평안을 되찾지 못하면 잠재적 죄의식에 빠져 성인이 되어 많은 영향을 받게 된다.

3) 학동기(學童期)의 정신·사회적 위기

근면성(industriousness)과 열등감(inferiority)의 중복시기이다. 아동기 때의 비교적 불규칙적인 생활리듬에서 취학을 통해 규칙적으로 시간의 통제를 받으면서 근면하려는 동기가 유발된다. 부모나 선생님에게 자신의 노력을 보여 주고자 하며 결과에 대해, 즉 공부를 잘하고 못하고에 대해 두려움을 점차 강하게 느끼게 된다.

자신을 가르치는 자에 비해 학습능력의 부족이나 학력수준의 차이(어른은 이미 오랜 교육을 통해 월등하게 많은 학식을 갖고 있다) 등에 대해 열등감을 느끼게 된다.

4) 사춘기의 정신·사회적 위기

정체감(identity)의 형성(formation)과 혼란(diffusion)이 중복된 시기로 "나는 누구인가"에 대한 물음에 자신이 이미 형성되어 있음과 함께 내가 누구인지를 모르는 혼돈에 빠져 있다. 학동기까지 자신을 부모나 주변 사람과 동일시했다면 이제 자아를 의식하면서부터 자신을 동일시 인물로부터 분리시켜 자신만의 정체성을 찾아간다. 거울을 자주 보면서 얼굴 모습이나 자신의 내부를 보고자 한다. 그러면서 동시에 동일시 인물이 자신 속에 있다가 본래의 자신이 자기에게 찾아옴으로 혼란에 빠져들게 되는 것이다.

5) 청년기의 정신·사회적 위기

타인과의 친교(relationship)와 고립(isolation)의 문제에 봉착하는 시기이다.

자아를 찾아낸 자아인격은 독립된 개체로서 자신의 정체를 남에게 확실히 드러내 보이고 자신을 개성화시키고 성격도 비교적 이에 걸맞게 나타내려 한다. 이런 자신의 특성과 타인의 특성이 만남으로 또다시 대인 관계에 있어 흥미와 갈등의 동시성을 폭포처럼 맞게 된다. 이 대인 관계에서 자신의 특성이 타인에 비해 나타나 보여지지 못해 고립감에 깊이 빠지게 된다.

이 고립감은 아무리 우수한 학습능력이나 윤리관을 갖고 있다 할지라도 누구나 각기 다른 체험을 통해 느낀다.

6) 장년기의 정신·사회적 위기

생산과 자기도취(self-intoxication)와 성취(accomplishment)의 문제에 봉착한다.

인생의 긴 여로를 뒤돌아보니 이룬 것이 없고 허무하기 짝이 없다는 이야기이다. 청년시절 같이 시작했던 친구는 자신과 비교해 월등한 사회적 성취를 이루었고 자신은 축소되어 보일 수 있다. 그래도 조금 이루었다고 생각되는 사람이나 사회적으로 성공한 사람의 경우 실패한 사람에 비해 위로는 받을 수 있을지 모르지만 또 다른 우위의 사람과 비교해서 허탈감과 열등감, 허무감에 빠져들게 된다.

이는 자기 인생의 생산성이나 생산량에 대한 자기 만족과 도취에 빠져 심리적 안정을 취하려는 인격 성향을 갖게 된다. 현재 위치에 만족하려는 자기 도취적 성공감이다.

이와 같은 연령별 위기는 인격 발달을 이루기 위한 일차적 요구에 자기 감정을 통제하고 조절하려는 노력을 만든다. 자신에게 용납될 수 있을 만한 만족스런 태도나 행위를 이루기 위한 학습(study : 가정, 학교, 사회, 신앙 등)을 받아 가는 과정이다.

정신성적 발달 (psychosexual development)

인격형성의 결정적 시기를 출생시부터 아동기까지로 보고 있다

어린아이 때가 가장 중요하다. 어린 시절 정신적·성적 발달과정은 그 분석에 들어가 보면 심리적 모호함과 복잡성을 새삼 느끼게 한다. 이는 마치 에덴동산의 타락을 연상시켜 주는 듯하면서도 우리의 육체적 감각이나 욕구와 함께 공존하는 인격성에 덜 어른스러워 보이는 이치의 타당성을 이해하게 한다. 소아기는 아직 인격적 인지가 부족한 시기이기 때문에 육체적 욕구에 거의 동물적이거나 일방적으로 지배를 당해 버리는 함정 속에 빠진 듯한 인격의 공동화(空洞化)를 보게 된다.

(1) 구순기(口脣期 : oral stage)

출생에서부터 한 살 반 정도까지의 시기이다.

마음속에서 입, 입술이 차지하는 비중이 크다. 생각이나 표현방법이 입, 입술, 혀와 입 근처 주변에 집중되는 시기. 엄마의 젖가슴을 보고 즐기고, 엄마의 얼굴을 보고 즐기고, 엄마의 목소리를 듣고 즐긴다는 면에서 눈과 귀도 중요하며 입, 눈, 귀와 기타 기관을 통해 혼자 능력으로 즐길 수 있다는 뜻에서 이들 신체 부위를 자동색정 발생지역(自動色情 發生地域 : autoerotogeous zone)이라고 부른다.

오직 이 부위를 통해 인식과 표현을 한다. 즉 수용적(receptive)이며 대상(object)에 대한 구체적 개념 없이 자기 만족적인 자기애(自己愛 : autoeroticism)와 자기 도취(narcissism)가 특정적으로 보이는 손가락 빨기 등을 행한다. 이 때 느끼는 감각은 젖을 빠는 즐거움, 포만감, 배고픔, 삼키는 것 등이다.

자신의 주체에 대한 인식이 거의 없는 상태이고 타인에 대한 교감은 거의 일방적이며 자기 중심적이고 표현 역시 자기 만족에 극히 치중하고 있다. 이 시기의 성격은 앞으로의 인생에 지대한 영향을 미치게 된다.

구순기 후반부에는 구강적 공격성(oral aggression)을 보인다. 아기는 엄마 젖이나 우유병 꼭지를 깨물고, 음식을 씹고, 침과 음식을 뱉고, 우는 것으로 자기 행동을 스스로 단련한다. 이런 행동이 공격적인 양상을 보일 때 긴장을 완화하는 것이다. 이 때의 행동은 분할 때 운다거나 싸우다가 지면 상대방을 깨무는 것 같은 좀더 자란 후의 공격형태를 보이게 된다.

구순기를 어떻게 보내느냐에 따라 장차 인격기반 형성에 큰 영향을 준다. 이 시기에 고착(fixation)된 성격 형태를 구순적 인격(oral personality)이라 하는데, 젖을 만족하게 먹고 구강 쾌락을 충분히 즐기면 낙천적이며 식도락을 즐기고 언쟁을 즐기는 인격성향을 보인다.

그래서 어린나이 젖을 덜 먹고 자란 어른은 왠지 부정적이고 쾌락적이지 못해 금욕적 성품의 인격을 지니게 된다. 이와 반대로 지나친 과잉충족의 경험, 과잉욕구불만, 혹은 충족과 불만이 동시에 교차된 경험을 한 사람은 의존성과 자기애, 미숙, 수동성, 주는 것보다 받는 것을 좋아하고 선망과 질투, 불평, 요구의 증대, 흡

연, 알콜중독, 과식과 같은 행동을 하게 된다. 이 시기를 적절히 지내면 자신감, 관대함, 자급자족, 주고받음, 타인의 신뢰와 독립성을 이루는 인격의 기반을 이루게 된다.

(2) 항문기(肛門期 : anal stage)

한 살 반부터 세 살까지를 항문기라 부른다.

마음속의 관심이 신체 어느 부위보다 항문과 요도에 있는 시기. 본능적 욕구로서 배변·배뇨 행동이 주된 관심의 대상이며 쾌감의 근원이 되는 시기이다. 대소변을 볼 것인가 참을 것인가를 놓고 부모와 투쟁을 벌이면서 부모에 대한 애증이 한데 얽힌 감정, 즉 양가감정(ambivalence : 서로 반대되는 감정이 동시에 존재)이 생기고 부모로부터의 독립이냐, 아니면 예속이냐 하는 것을 놓고 고민에 싸인다. 배변·배뇨의 행위에 있어 부모와의 갈등과 투쟁이 시작된다.

투쟁의 상황은 이렇게 전개된다.

① 배변·배뇨에 관여하는 신경이 보통 생후 한 살 반에 발달되는데 이 신경조직(척추)이 채 발달되기도 전에 부모가 어린이에게 대소변을 가리라고 할 때

② 어린이가 바지를 벗고 입을 능력이 생기기 전에 이를 요구할 때

③ 혼자서 화장실에 가서 화장실 양변기 속에 자기가 빠질 것을 겁내는 것 등

이런 압박에 대한 심리가 이 시기에 심하게 나타나고 부모가 이를 이해하지 못하고 계속 채찍질할 때 더 심해진다. 그러면서 자율성이 형성된다. 이 항문기에는 공격성이 구순기에 비해 더욱 강

해진다. 대변을 '확' 보는 것으로 폭격, 폭발과 연관된 환상을 갖는다. 이 시기의 공격성은 과도한 방출적 행동화 또 극단적 자기보존의 형태로 나타난다.

이 시기를 원만하게 잘 넘기는 어린이는 장차 자주적이고 앞장서며 자기판단과 결정으로 머뭇거림 없이 행동하고 자존심과 긍지를 지니는 인격을 가지게 된다. 반대로 욕구의 과잉충족이나 과잉좌절을 계속 맛본 어린이는 두 가지 성향을 보인다. 즉 부모에게 야단맞을까 겁내는 한편 칭찬받으려고 노력해서 이런 아이는 장차 질서성연, 상박주의, 완벽주의, 죄책감, 완고함, 인색함 능의 인격성향을 가질 확률이 높다. 이와 반대로 더러움, 너저분함, 반항, 분노, 가학피학성(sadomasochism, 加虐被虐性, 모든 것을 학대하고 상대방을 채찍질하는 변태성욕자 같은 유형)을 지니는 위험한 인격기반을 이룰 확률도 높다.

(3) 남근기(男根期 : phallic stage)

3~6세의 시기이다.

남녀 어린이에게 모두 음경(penis)이 마음속 관심의 주가 된다. 즉 성적 관심이다. 자기가 주된 관심의 대상 내지 쾌락의 근거가 된다. 남자 아이들은 자신의 성기를 힘과 우월성의 상징으로 보고 여자 아이는 그것이 없다는 점에서 남근 선망(penis envy)과 더불어 열등감을 가지게 된다. 이 시기를 다른 말로 오이디푸스기(Oedipal stage)라 부르기도 하는데 남녀가 다르다.

남아의 경우 출생하여 곧바로 엄마를 사랑하고 또한 엄마와 동일시(同一視 : identify)하여 "나도 엄마처럼 아빠에게 사랑을 받았으면 …" 하고 생각하다 엄마와 같은 여자에게는 음경이 없다는 사실을 깨닫고는 서서히 엄마와의 동일시를 포기하기 시작한다.

확실히 인식된 후에는 "나는 아빠와 같은 편이다"라는 생각에서 아버지와 동일시를 시작하게 된다. 그리고 아빠가 엄마를 사랑하듯 자기도 엄마를 그렇게 독점하고 싶어한다. 그래서 아버지는 존경과 선망의 대상인 동시에 질투와 경쟁의 대상이기도 하다.

자기 어머니를 소유하고 사랑하고 싶은 심정이 된다. 이것을 바로 오이디푸스 콤플렉스(Oedipus complex)라 한다. 이 콤플렉스는 남성성(男性性 혹은 男性美 : masculinity)을 발전시키는 중요한 심리적 역할을 한다. 중요한 것은 만일 이 오이디푸스 콤플렉스가 발전되어 활짝 꽃을 피우지 못하고 무슨 이유에서든지 도중에 하차하게 되면 그는 다시 뒤돌아서 계집아이 같은 남자(sissy : 유전적으로나 생물학적으로 분명한 남자이지만 성격이 여자 같아서 마치 호모처럼 보이지만 그것과는 다르다)가 되어 사춘기, 청소년기에 주체적 남성 확립에 큰 왜곡을 일으킨다. 이는 아버지에 대한 공포, 거세 공포(fear of castration), 아버지에 대한 사랑, 자신의 신체적 미숙에 대한 자각 등을 원인으로 발생한다.

여아의 경우 남아의 경우와 같이 출생 이후 계속 엄마와 동일시해 오다가 자기에게는 남아와 같은 음경이 없음을 발견한다. 겉으로 있는 체하거나, 또한 음경이 있다는 환상까지 하게 된다. 그래서 여아는 남아 못지않게, 아니 남아를 능가하게 극성맞고, 활달하게 그들과 섞여 뛰어 노는데 차차 남아들에게 눈총과 굴욕과 수모를 당한다. 그래서 자기를 낳은 엄마를 원망하고 무능력에 실망까지 한다. 그러면서 남자의 음경을 부러워하는데 이런 심리를 음경 선망, 또는 남성 콤플렉스라 한다.

그리고 동시에 구순기, 항문기에 어머니에게 받았던 상처(젖꼭지 뺏김, 대소변 훈련 같은 억압)가 회생되어 어머니에게 더욱 화를 낸다. 어머니를 업신여기면서도 동시에 동정한다. 그래서 사랑의 대상과 동일시의 대상인 엄마에게서 엄마를 사랑해 주는 아빠에게도 관심이 가게 되어 엄마를 아빠와의 사랑의 경쟁자로 적대시하는 행동을 보이는데 이를 엘렉트라 콤플렉스(Electra complex)라 부른다.

점차 아이들은 이러한 욕망과 갈등적 적대행동에 대해 죄책감을 느끼고 부모와 동일시를 통해 이러한 갈등을 해소해 나가 차차 동성의 부모를 닮아 가려 한다.

일반적으로 남자는 이런 콤플렉스를 재억압(repress)하기 때문에 초자아가 강하고 여자는 덜 억압하기 때문에 초자아가 상대적으로 약하다고 해석하고 있다. 왜냐하면 여자는 남자에 비해 이 콤플렉스가 완전하게 해소되지 않는다. 그래서 청소년 이후에 음경을 대신할 질이 있음을 확인한 후에야 또는 결혼하고 나서 자신에게는 남성에게는 없는 임신, 출산 능력이 있음을 확인하고 나서야 완전 해소되며 특별한 경우에는 평생 해소시키지 못하고 지내는 여성도 있다.

남근기에 공격성은 더욱 크게 발달한다.

남아의 경우 자기들의 음경을 무기로 여기는 경향이 두드러진다. 즉 총, 칼 같은 무의식적 음경의 상징들을 놀이 기구로 사용하기를 좋아하여 환상과 실제 놀이에 사용된다. 이 공격성은 어른이 되어 사냥과 낚시를 좋아하고 난폭 운전을 하는 등의 남성형 놀이를 좋아하게 한다. 남근기를 잘 통과하게 되면 성별 주체성(gender identity)의 기초를 확실히 해 둘 수 있다. 건전한 의미의 호기심이 늘어나고 학습과 지식 습득의 능력이 생기며 충동을 제어할 수 있는 자신감이 증가하고 적당한 야심과 비전을 지니는 인격체가 된다.

반대로 이 시기에 욕구좌절과 욕구충족을 지나치게 체험한 경우 남자는 두려움이 많아지고 아버지로 상징되는 선생님, 직장 상사 등을 유난히 무서워한다. 그리고 뻔뻔하게도 남에게 인정받고자 하고 허위적으로라도 자랑하려는 인격의 기반을 지닐 소지가 크다.

여자의 경우 음경 선망이 강하여 모든 일에 남자보다 높아지려 노력한다. 과도하여 히스테리적 성격이 되기 쉽고 다분히 유혹적이고, 과장적이며, 겉으로 표현력이 강하며 남성혐오감이 강하고 정서가 불안정하다.

(4) 잠재기(潛在期 : latency)

7~12세의 시기이다.

이 때는 앞의 시기와는 전혀 달리 외부적으로 성적·공격적 욕구나 충동이 노출되는 일이 별로 없이 잘 제어되어 있는 것처럼 보인다. 본능적 욕구가 잠재화되어 이성에 대한 관심이 상당히 줄어들고 동성에 대한 관심이 높아져 이들과 어울려 놀게 된다. 공상, 환상, 놀이, 장난으로 이 본능적 욕구를 많이 발산하고 있다.

이성에 무관심하고 동성끼리만 친구가 된다. 이 동무관계(peer relationship)는 성인이 되어 대인관계에 필요한 사회와의 관계에 중요한 기초가 된다. 이 시기에는 자아가 발전되어 학업에 관심을 쏟고 인생에 필요한 기술습득, 훈련 같은 적응능력을 키우게 된다. 그리고 관심 대상이 부모와 가족으로부터 밖으로 뻗어 나가 친구, 선생님, 다른 사람들에게로 분산되어 간다.

이 시기가 성공적이어야 한다.

사회 적응력이 높아지고 학업, 사회, 대인에 대해 자신감이 높아진다. 이 시기에 잘 발달되지 못하고 앞서 말한 이전 단계가 미해결로 남아 있어 성적·공격적 충동이 잘 제어되지 못하면 학습능력이 떨어지고 열등감 속에 빠져든다. 학교수업을 재미없어 하고 성적이 전혀 오르지 못한다. 또 달리 내부 충동을 적당한 완충단

계 없이 미리 제어하면 이는 도리어 인격발달의 공백을 일으키고
외견상 조숙한 듯하나 실은 심히 강박적이고 틀에 박힌 인격의 소
유자가 될 수 있다.

(5) 성기기(性器期 : genitial stage)

13~18세의 시기이다. 보통 청소년기이다.

남녀간에 성기가 성적 즐거움의 중심이 되는 올바른 이해가 되
는 때로서 성생활의 도구로 이해되는 시기라는 뜻으로 지어진 이
름이다. 이 시기는 실제적으로 성호르몬의 증가와 함께 성적 욕구
와 충동이 심해지는 폭풍의 시기이고 이 나이가 될 때까지 미해결
로 넘어온 정신·성적 문제들이 다시 재연되는 시기이다. 또 실제
적 성기의 발달과 더불어 자신의 성에 관심이 높아지고 성적 욕구
가 쾌락의 근거가 되는 시기이다.

부모로부터 받은 성적 다른 모습에서 정신적으로 독립하여 부모
아닌 타인의 성에 관심을 갖게 된다. 다른 이성에 대한 관계 수립
과 개인적 주체성(personal identity)의 수립, 그리고 성인이 된
자신에게 부과된 사회적 역할을 수행하는 시기이다. 이 시기가 대
단히 원만하여야 한다. 그렇지 못하면 과거 잘못된 인격발달 과정
의 어느 한 단계에 사로잡혀 그 곳에서 영향을 받은 인격 소유자
가 되고 만다. 이를 주체성의 혼돈(identity confusion)이라 한
다. 흔히 말하는 마마보이가 한 예가 될 수 있다.

이와 같이 인격은 어려서부터 어느 한 단계 한 단계씩 하나도
쉽사리 잘못 넘겨 보내질 수 없고 그 때마다 중요하게 잘 관리·발
전되어야 한다. 전 단계를 모두 잘 성숙시켜야만 한다. 이것이 어
렵기 때문에 대다수의 사람들이 완벽한 인격의 소유자가 되지 못
하는 것이다. 따라서 많거나 적거나 삐걱거린 인격의 발달단계가

있다는 점을 확인하고 가능성을 충분히 인식할 때만이 인격의 언밸런스가 청소년기를 넘어 거의 평생을 두고 계속 발전되고 조금씩 수정, 변화되어질 수 있다. 특히 신앙적 양육(기독교적 훈련)을 통해서 많은 성과를 거둘 수 있다.

이와 같이 연령에 따른 인격발달 과정을 볼 때 우리들에게 시사하는 바가 크다. 그저 막연하게 인격의 성숙과정을 생각할 때, 인격의 성숙이 대부분 청년 이후에 와서야 교육을 잘 받아 가면서 이루어진다는 인식은 아주 잘못된 견해라는 것이 밝혀졌다. 오히려 인격의 성숙은 엄마의 젖꼭지에서, 유치원이나 학교에 취학하기 훨씬 전에 이미 그 출발점은 물론이고 대부분의 인격 성향이 거의 결정된다는 것을 알게 된다. 때문에 자녀의 교육에 있어서 대다수의 부모들이 부모의 말을 알아들을 만한 시기, 즉 5세 이후부터의 교육에 관심이 많은데 이 시기는 이미 늦은 감이 있는 것이다. 오히려 5세 이전에 마음을 읽어 주고, 이에 동조와 충고로 양육시켜야만 훌륭한 인격 소유자가 될 수 있다.

Ⅴ. 인격장애 (人格障碍 : personality disorders)

"참된 마음속의 깊은 상처를 찾아가서 …"

Ⅰ. 정의

인격장애는 한 개인이 지닌 지속적이고 일정한 행동양식을 통하여 현실에 적응하는 데 있어서 자신에게나 사회적으로 중요한 기능장애를 초래하게 되는 비정상적 성격의 양상이라 정의할 수 있다.

이 인격장애는 깊이 체질화되고 확고하며 융통성이 없고 자신과 환경에 대해 지각하거나 관계 맺음에 있어 비적응적 양상을 보인다. 타인에 대한 배려나 이해심 없이 대체로 상대방을 화나게 만들고 결국 관계 악화라는 악순환을 되풀이한다.

인격장애는 정신병이라는 신경증과는 많이 차이가 있다

신경증은 자신을 환경에 접하여 변화시키려는 자기 수식적(自己修飾的 : autoplastic) 반응의 결과이다. 즉 자기 자신을 어떤 비정상적 유형이나 형상으로 만들려는 결과이다. 다시 말해 자기 스스로도 나빠지는 자신을 인지하고 이에 빠져들고 싶지 않으나 스스로를 통제 못해 안타까워하는 상태이다. 증상에 대해서는 스스로가 용납지 않으려는 자아이질적(自我異質的 : ego-dytonic)인 특징을 가지고 있어 환자들이 정신과적 도움이나 카운슬러에게 스스로 도움 받고자 요청을 하는 경우가 흔하다. 즉 자신과 주변의 차이를 절실히 느끼고 주변에 의지하고자 한다.

반면 인격장애자들은 그들의 장애증상이 자신과 사회에 미치는 영향 따위에는 관심이 없고 인식하지도 못한다. 뿐만 아니라 자신의 장애증상에 타인과 환경을 끼워 맞추려는 환경 수식적(環境修

節的 : alloplastic)인, 즉 자신은 잘못이 없고 주변 환경이 잘못되었다고 판단, 환경비판과 환경변화를 요청하게 된다. 이를 자아동조적(自我同調的 : ego-syntonic) 특징이라고 하여 모든 것을 자기에게 동화시키려고만 한다. 이런 점 때문에 인격장애가 외견상 신경증보다 덜 나쁘게 보이지만 그 치료나 개선은 굉장히 어렵다. 의사나 카운슬러의 도움을 거절하고 오히려 공격, 방어하려 하며 자신을 돕는 자를 이단자로 몰아세우려 한다.

2. 원인

인격 발달 과정의 정지나 혹은 이탈현상의 표현으로 이해되어진다

인격은 연령에 따라 환경에 맞추어 발달 과정을 단계적으로 올라가야 하며 정해진 괘도(rail)에서 벗어나지 않게 안정 지향으로 돌아와 바람직하게 진행되어야 한다. 그러나 인격 발달의 정상적인 괘도로의 진행은 완전하게 완성되어지는 경우가 드물다. 어느 시기에 발전되고자 하는 인격을 억제하는 요건이 생기면 이를 이겨내지 못하고 의외의 현상으로 변절되고 만다.

쉬운 예로 고부간의 갈등을 들어 보자. 왜 시어머니는 자신의 시어머니에게 당한 시집살이 고통을 며느리에게 주지 않으려고 노력하기는 커녕 오히려 자신이 당한 시집살이의 설움을 배로 갚으려 할까? 이것이 전형적인 인격장애를 보여 주는 실례이다. 자신의 인생을 깊이 생각해 합리적으로 발전시키기보다는 열등감과 소외감, 투쟁성 등이 의식을 지배하게 되어 갈등의 대상에게 싸워 이김으로써 만족하려 한다.

특히 약한 대상에 대한 투쟁의 승리로 자기 성취와 비교 만족감을 얻으려고 한다. 이를 인격의 변질, 이탈현상이라고 한다(자신이 충분히 이길 상대만을 택하게 된다). 이런 이탈현상은 부모로부터 보호를 받지 못한 미아나 고아 같이 극한적 모성 박탈감이나 동료 박탈감이 노출되면서 자주 경험되는 박탈감이 누적되어 포용성, 이해성에 장애를 입게 되는 것이다.

흔히 인격을 사회적 성공과의 일치로 보기도 한다

인격장애는 상당히 완고하고 제한된 행동양식으로 표현되며 이를 해결하기 위해서는 자신보다 환경, 즉 문화적으로나 직업적, 혹은 이 두 가지 모두가 수용되고 보상되어져야 한다. 흔히 바람직한 인격의 양상이나 경향들은 사회적 만족이나 성공과 일치하게 된다.

인격의 완고함이나 괴팍함은 환경적 압박이 가해질 때 노출되는 것이지 자극이 없이는 모습이 보여지지 않는다. 적당한 지능과 사회적 규범을 지니고 있다 하더라도, 그런대로 잘 살아간다 하더라도 이 장애는 평생 변함없이 반복된다.

인격장애자들의 병리적 행동은 심리적 원인을 분명히 지니고 있다. 장애는 건설적이고 사회적으로 효율적인 적응을 하게 하는 정체감 형성(자기 위치 확립)의 실패 때문이다. 즉 자신의 위치를 굳건히 확립하고자 하면 공공의 이익을 해롭게 할 수도 있다.

인격장애가 심화될수록 사회적 위치에 따라 공익에 손해를 비례적으로 증대시키고 인격이 호전될수록 공공의 이익이 높아지게 되므로 자신의 사회적 위치도 높아지게 된다.

분노로 인해 생긴 충동을 지연시키거나 억압하는 통제력을 발달시키지 못하면 어른이 되어서도 인격이 미숙하여 자기 억제를 못하여 사회적 인정을 받지 못한다. 앞서 말한 성장기의 괴리현상과 경험 등이 많은 영향력을 행사한다.

　애정, 안정, 인식, 존경, 성공, 긍정과 같은 안정적 인격발달의 요구를 만족시키고자 했던 노력이 좌절되면 거절반응으로 화내고 반항하며 반사회적 행동을 하는데, 이는 자아충족을 위해 부정적 동일시를 형성하는 슬픔을 낳는다. 사회나 가정 따위 같은 자기 주변 여건의 잘못된 점들에만 비판을 집중하여 자신을 변명하고, 부정적 현상들, 즉 권력과의 결탁, 이기적인 행동, 애정 결핍 등을 정당화하는 사고방식을 갖게 된다. 이를 인격발달 과정의 정지나 이탈현상이라고 부른다.

3. 인격장애의 총괄적 치료개념

인격장애를 치료하기란 어렵다

　생활 속에 깊이 자리잡은 병적인 인격장애들은 장애자의 주변과 그런대로 조금 삐걱거리면서도, 불만족스러우면서도, 타인 역시 반은 체념한 채로 "저 사람은 할 수 없어"라고 어쩔 수 없이 생활을 지속한다. 이 장애자는 마치 문제점이 자기 이외의 주위 세상에 있는 것처럼 여기고 행동한다.

　치료과정에서도 카운슬러에게 요구사항이 많으며 이를 비난하거나 분노하기도 한다. 카운슬러가 자신의 행동을 문제시하는 그 자체를 달갑게 생각하지 않는다. 또한 자신의 생활 속에 깊게 자리한 장애적 인간관계의 방식대로 카운슬러와 관계를 형성하려고 한다. 그리고 적대감을 유발시키도록 유도까지 한다. 그래서 카운슬러는 환자가 보여 주는 충동이 행동화(acting out)되는 것을 방지

해야 한다.

기본원칙

① 장애자의 불균형한 행동에 대한 설명을 해 주기보다는 행동 모습에 보다 관심을 둔다.

② 되풀이되는 불평을 듣지 말아야 한다. 자신의 주위 세상에 대해 불공평하다고 이야기할 때 자신의 사회적 역할에 역점을 두도록 지시한다.

③ 카운슬러는 장애자를 위해서라기보나는 함께 일을 수행하는 협력자, 동역자로 관계를 유지하여야 한다.

④ 카운슬러는 자신이 구원자라는 망상을 버려야 한다.

⑤ 장애자의 치료를 위해 위협하거나 좋은 결과를 위해 미리 계산된 어떠한 행위도 금물이다. 더욱이 장애자가 카운슬러를 구원자나 친구로 여길 때 더욱 조심해야 한다.

⑥ 환자를 꾸짖거나 벌 주는 행동은 금물이다.

⑦ 카운슬러는 자신을 잘 지탱해야 한다. 장애자에게 빠지거나 흔들려서는 안 된다.

4. 인격장애의 종류

(1) 편집성 인격장애(paranoid P.D.)

의심이 많고 고집이 세며 음흉하고 완고하다. 부정 행위를 싫어하고 수집하여 고발한다. 배우자에 대한 병적 질투심, 소송을 좋아하는 괴짜, 까다롭고 타인에게 예민하며 피해의식이 강하다. 유머가 없고 냉소적이며 불평 불만이 많고 타협을 모른다. 남자에게 많고 농아에게도 많다. 예를 들면, "당신은 참 예쁘군요" 하면 이 장애자는 "지금 나를 조롱하고 있나요?" 하고 화를 낸다. 남을 지나치게 오해·의심한다.

원인 : 어린 시절 불합리한 부모의 엄청난 분노에 짓눌려 성장하면서 자신과 그들을 동일시함으로써 그 분노를 다른 사람에게 투사(projection)하게 된 결과로 나타난다.

행동의 특성 : 타인의 행동을 의도적으로 자기를 억압하고 위협하는 것으로 해석한다. 늘 남들이 자신을 괴롭히고 착취하고 해치려 한다고 예상한다. 늘 긴장되어 있고 무정하고 자만심이 많다.

진단기준

사람들의 행위를 계획적으로 자신의 품위를 손상시키거나 위협하는 것으로 받아들인다. 청년기에 시작되며 여러 상황에서 나타난다. 다음 중 최소한 네 가지 항목으로 나타난다.

① 충분한 근거 없이 자신이 타인에 의해서 관찰되거나 피해를 받고 있다고 생각함.

② 정당한 이유 없이 친구나 친척의 충정이나 신용 상태를 의심함.

③ 악의 없는 언급을 숨겨진 의미나 위협적 의미가 있는 것으로 해석함.

④ 원한을 품거나, 무례하거나 무시하는 것을 용서하지 않음.

⑤ 어떠한 정보가 자신에게 나쁘게 이용될 것이라는 잘못된 두려움 때문에 다른 사람에게 비밀 털어놓기를 꺼림.

⑥ 쉽게 무시당하고 있다는 생각이 들며 거기에 대해 곧 화를 내고 반격함.

⑦ 정당한 이유 없이 배우자나 애인의 정절을 의심함.

네 가지 이상 항목에 속하게 되면 편집성 인격장애로 본다.

카운슬러의 중점사항

① 언제나 장애자에게 정중하고 솔직하며 존중하는 자세를 갖추어야 한다.

② 장애자의 심층 속에 있는 심리적 의존성이나 관심사항, 욕구 등을 깊이 분석할 때는 오히려 불신감을 조장할 수 있으니 조심해야 된다.

③ 망상적인 비난을 할 때 이를 현실적으로 다루어야 하며 부드럽고 자존심을 상하지 않게 한다.

④ 무기력한 인상이나 위협적 태도는 안 된다.

(2) 분열성 인격장애(schizoid P.D.)

생활감각의 부조화, 비사회적 성격이 뚜렷하다. 한쪽 감정에 예민하고 다른 한편은 무디고 냉정하며 무관심의 양극점이 보인다. 타인과의 교제가 어렵고 내향적이며 온순하고 빈약한 정서가 특징. 외톨이처럼 보인다. 실제적인 것보다 추상적인 것을 좋아한다. 예를 들면 친형제나 사촌 형제 간에도 말이 없고 피하려고만 한다. 야유나 조롱을 하여도 당하기만 하고 저항하지 않는다. 양육 과정에서 중요한 영향이 있었을 것이다.

진단기준

다양한 형태의 사회적 유대에 대해 무관심하고 제한된 범위의 감정경험과 감정표현을 특징으로 한다. 청년기에 시작되며 여러 상황에서 나타난다. 다음 중 최소한 네 가지 항목으로 나타난다.

① 가족과의 관계를 포함해서 친밀한 관계를 바라지도 않고 즐기지도 않음.

② 항상 혼자서 하는 행위를 선택함.

③ 분노나 즐거움과 같은 강한 감정을 경험하지 못하는 것으로

말하거나 또는 그렇게 보인다.

④ 다른 사람과 성적 경험을 하고 싶은 욕망을 거의 나타내지 않는다(나이를 고려하여).

⑤ 다른 사람들의 칭찬이나 비난에 무관심하다.

⑥ 일차 가족 이외에 친한 친구가 없다(또는 단지 한 명 있다).

⑦ 제한된 감정표현을 함(무관심하고 냉담하며 웃거나 고개를 끄덕이는 등의 얼굴표정이나 몸짓을 거의 주고받지 않는다).

— 초기 아동기 때부터 시작해 인격장애가 오래 지속되기도 하지만 일생 동안 계속되는 것은 아니다.

(3) 분열형 인격장애(schizotypal P.D.)

일반 사람이 보기에 괴이하거나 이상하게 보인다. 마술·요술적 사고방식, 관계 망상으로 상대방을 자기 좋을 대로 생각, 착각한다. 사고와 대화가 장애되어 있다.

언어 표현이 괴이하고 지엽적이고 막연하고 정교하고 우회적이다. 가까운 친구가 없고 사회적으로 고립되어 있다. 이들은 흔히 미신이나 이단 종교에 사로잡혀 있고 자신은 특수한 사고나 통찰력을 갖고 있으며 초능력자라고 믿는 경우가 많다. 점성가, 사교 집단의 광신자가 그 예이다. 남들이 무엇이라 비판하거나 충고를 하여도 전혀 개의치 않고 자기 표현만을 한다.

진단기준

청년기에 시작되며 여러 상황에서 나타나는 대인관계의 결함과, 생각, 외모, 행동 등에서 나타나는 이상한 버릇의 다양한 형태를 특징으로 한다. 다음 중 최소한 다섯 가지 항목으로 나타난다.

① 관계망상(타인을 우상화시키거나 바보로 만들거나 자신이 좋을 대로 상상).

② 사회생활에서의 지나친 불안(예 : 친하지 않은 사람과 같이 있게 되는 상황에서 지나친 불편함을 느끼는 경우).

③ 행동에 영향을 주고 문화적인 기준에 맞지 않는 이상한 믿음이나 마술적인 사고를 갖고 있음. 예를 들어 미신에 사로잡혀 있다든가, 천리안, 텔레파시, 육감 등을 믿음. 다른 사람들이 내 느낌을 알 수 있다고 함(아동기나 청소년기에는 기이한 공상을 하거나 기이한 생각에 몰두한다).

④ 이상한 지각경험, 예를 들어 착각, 실제로 존재하지 않는 힘이나 사람의 존재를 실제 있는 것으로 느낌(예 : "나는 은하계에서 온 천사와 만났다").

⑤ 이상한 행위나 모습 (예 : 이상한 복장을 하고 이상한 반복적인 행위, 횡설수설이나 혼자말을 함).

⑥ 일차 가족 이외에 친한 친구가 없다(또는 단지 한 명 있다).

⑦ 이상한 말을 함. 예를 들어 지엽적이고 모호하고 부적절한 추상적인 말을 함.

⑧ 부적절하거나 제한된 감정 표현을 함. 예를 들어 조소적이고 냉담하며, 웃음이나 고개를 끄덕이는 것과 같은 얼굴표정이나 몸짓을 거의 주고받지 않음.

⑨ 의심하거나 편집증적인 사고.

- 분열성 인격장애와는 달리 분열형 인격장애에서는 행동, 사고, 지각 및 의사소통의 괴이성이 있으며 정신분열증 환자가 가족 중에 있을 수 있다. 약 10%는 자살을 한다.

(4) 히스테리성 인격장애(histrionic P.D.)

흥분을 잘하고 감정적인 사람. 다양하고 극적이며 외향적이다. 자기 주장이 강하고 자기 과시적이며 허영심이 많다. 다른 사람에게 관심과 주의를 끌기 위해 과장된 표현을 하지만 실제는 의존심이 강하고 무능력하며 지속적으로 깊은 인간관계를 맺지 못한다. 남성에게 거세게 항의하고 성적 두려움이 있다. 여성에게 많고 호르몬 장애의 영향이 있다. 어린 시절 오이디푸스 콤플렉스와 관련이 있다. 주위의 관심을 끌기 위해 사고와 느낌을 과장한다. 그러나 감정표현은 바라는 목표를 성취하기 위한 도구일 뿐이다.

원치 않는 책임이나 불쾌한 내적 정서를 피하려는 수단으로 이용하기 때문에 감정 자체가 주체적이지 못하고 피상적이다. 주된 관심 사항보다 겉도는 이야기만 한다. 그래서 매력적이고 사귀기 쉽지만 깊고 가까운 관계를 오래 지속하지 못한다. 가벼운 자극에도 지나치게 반응하고 변덕스럽다. 불만스러우면 울음, 비난, 자살 소동 등으로 상대방에게 죄책감을 일으키도록 조종하기도 한다. 자기의 요구만 들어 주기를 원하는 이기적인 사람이다.

성적으로 매력이 있어 보이고 애교가 있고 옷차림이나 겉모양으로는 유혹적인 성적 분위기가 다분히 풍기지만 실제로는 회피적이고 불감증인 경우가 많다. 여성 생리주기에 극심하게 나타나는 경우도 많다.

진단기준

청년기에 시작되며 다양한 상황에서 나타나는 과도한 감정표현과 주의를 끄는 지속적인 형태로 다음 중 최소한 네 개 항목으로 나타난다.

① 계속해서 재확인, 애정, 칭찬을 찾거나 요구한다.

② 외모나 행동이 유혹적이지만 부적절하다.

③ 신체적인 매력에 지나치게 관심이 많다.

④ 부적절하게 과장되게 감정을 표현한다. 예를 들면 늘 만나는 사람을 지나친 열정을 가지고 껴안는 것, 별로 슬프지 않은 일에 자기 통제를 못할 정도로 흐느껴 울음, 이치에 맞지 않는 분노의 폭발 혹은 떼씀.

⑤ 관심의 대상이 되지 않는 상황에 있는 경우 불편해 함.

⑥ 빠른 속도로 변화하고 피상적으로 표현됨.

⑦ 자기 중심적이고 즉각적인 만족을 얻는 쪽으로 행동함. 만족이 지연될 때 좌절에 빠져 견디지 못함.

⑧ 지나치게 인상적으로 보이려고 하고 오히려 세밀함이 결여된 형태의 언어를 구사한다(예 : 자기 어머니를 설명할 때 "지독한 양반이야" 하고 입을 닫는다).

(5) 자기애적 인격장애(narcissistic P.D.)

타인에게 칭찬받고 사랑과 존경을 받고자 하나 실제 행동은 이와 모순된다.

이 만족이 충족되지 못하면 그 일에 싫증을 내고 안절부절못한다. 흔히 질투로 표현되는데 자신을 칭찬해 줄 사람에게 칭찬을 못 받으면 모욕을 준다. 특별대우를 기대한다. 자존심이 불안정하고 남들이 자기를 얼마나 좋게 보는지에 집착한다. 사소한 일에도 쉽게 분노와 패배감, 열등감, 모욕감을 느끼고 우울한 기분에 빠진다. 연극, 예술, 운동 같은 탁월성에 집착되어 있는 직업인에게 많다. 재능에 집착하는 것만큼 열등감, 천박감, 무가치감으로 고통받는다. 타인으로부터 존경받고자 하기 때문에 내부의 충실보다 표면에 나타난 모습을 더 중요시한다.

진단기준

과대망상(공상 또는 행동상)과 공감의 부족이 광범위하게 있고, 타인에 의한 평가에 과민하며 청년기에 시작되고 여러 상황에서 나타난다. 다음 중 최소한 다섯 가지 항목으로 나타난다.

① 비판에 대해 분노, 수치, 모욕 등의 느낌으로 반응한다(비록 표현하지 않더라도).

② 대인관계에서 이기적이다(자신의 목적을 달성하기 위해서 타인을 이용한다).

③ 자신의 중요성에 대한 과대한 느낌을 가지고 있다(예 : 성취와 능력에 대해서 과장한다. 적절한 성취 없이 특별대우 받는 것을 기대한다).

④ 자신의 문제는 특별하고 다른 특별한 사람만이 그것을 이해할 수 있다고 믿는다.

⑤ 무한한 성공, 권력, 명석함, 아름다움 또는 이상적인 사랑과 같은 공상에 몰두한다.

⑥ 특별한 자격이 있는 것 같은 느낌을 갖는다. 특별히 호의적인 대우 받기를 기대한다. 다른 사람들은 줄 서서 기다려야 할 때 자신은 그렇게 하지 않아도 된다고 생각한다.

⑦ 늘 남의 주목과 칭찬을 요구한다(예 : 남의 칭찬을 계속적으로 들으려고 노력한다).

⑧ 공감의 결여 : 타인이 어떻게 느끼는지 인식하거나 체험하지 못한다(예 : 심각하게 아픈 친구가 약속을 취소할 때 화를 내거나 놀란다).

⑨ 질투심에 집착해 있다.

― 치료는 매우 어렵다.

(6) 반사회적 인격장애(antisocial P.D.)

히틀러가 대표적 장애자이다. 도시의 가난한 지역 출신, 대가족 출신이 많고 감옥에 있는 죄수의 75% 정도가 이 장애자이다.

원인 : 흔히 비정상적으로 혼란한 가정환경에서 자란 사람에게 빈번히 발생한다. 유아기 시절의 박탈·이탈 경험, 부모상실 등이 중요한 요인이다. 그러나 오히려 변덕스럽고 충동적인 부모가 더욱 문제 된다.

양상 : 겉보기에는 똑똑해 보이고 말도 합리적이지만 신의가 없고 성실성이 결여되어 있다. 자기중심적이고 자기애적이다. 깊은 대인관계를 형성하지 못하고 어릴 때부터 청소년 비행, 무단결석, 규칙위반, 거짓말 등 반사회적 행동을 이미 보여 왔으며 앞으로도 그러한 행동을 반복한다. 가정생활에서는 무책임, 폭력행위, 성적 문란, 거짓말, 무모한 행동, 파괴행위 등을 보인다.

자살기도는 드물다. 자해를 잘한다. 타인을 교묘하게 조종하여 자기 뜻대로 움직이게 한다. 계획을 치밀하게 하고 실천도 가능성이 있게 시도한다.

진단기준
A. 나이가 18세 이상 되어야 장애의 유형이 드러나게 된다.
B. 15세 이전에 시작된 행동장애의 증거가 있으며 이는 다음 중 세 가지 이상의 병력에 의해 나타난다.
① 자주 무단결석을 한다.
② 부모나 부모 대신의 사람과 집에 살면서 최소한 2회 이상 가출, 외박을 한다.
③ 자주 싸움을 건다.
④ 2회 이상 싸움에서 무기를 사용한다.
⑤ 다른 사람에게 자신과 성교를 하도록 강요하고 강간도 한다.
⑥ 동물에게 잔인하게 대한다.
⑦ 다른 사람에게 신체적으로 잔인하게 대한다.
⑧ 고의적으로 타인의 재산을 파괴한다.
⑨ 고의적으로 불을 지른다.
⑩ 자주 거짓말을 한다.
⑪ 피해자와 마주선 상태에서 절도를 한다(예 : 강도짓, 돈이나 지갑을 훔침, 강탈, 무장강도).
C. 15세 이후에 시작된 무책임하고 반사회적인 다음 행위 중

최소한 네 가지가 포함되어야 한다.

① 일관성 있는 직업행위를 유지할 수 없음. 아래 항목 중 어느 하나가 포함되어야 한다(학생일 경우 학교에 자주 결석을 한다).

　a) 앞으로 일을 할 수 있다고 기대되거나 직장이 있음에도 불구하고 실직을 하게 된다.

　b) 자신이나 가족의 병 때문이라고는 하나 이해되지 않는 반복되는 실직.

　c) 타인이 볼 때 현실적인 다른 계획 없이 직업을 포기.

② 법적 체포의 이유가 되는 반사회적인 행위를 반복하는 것과 같이 법적 행동에 대한 사회적 규범을 받아들이지 못한다(실제로 체포되든 안 되든). 예를 들어 재산 파괴, 타인을 괴롭힘, 도둑질, 비합법적 직업을 추구하고서도 죄의식을 느끼지 않고 법적 제재도 인정하지 않는다.

③ 신경질적이며 공격적이므로 싸움이나 폭력 등이 반복적으로 일어남(직업상 필요한 경우가 아니고, 자신이나 남을 방어하기 위한 목적이 아닌 경우). 배우자 혹은 자녀에 대한 구타가 포함됨.

④ 반복적으로 재정적 의무를 이행하지 않음. 이는 채무 불이행이나 자식의 양육비를 제공하지 않거나 다른 부양가족을 부양하지 않는 것으로 나타남.

⑤ 미래에 대한 계획을 세우지 못하거나 충동적임. 다음 중 하나나 둘이 포함된다.

　a) 예정된 직업이 없이, 또는 여행 기간 동안의 뚜렷한 목적 없이, 또는 여행이 언제 끝날지에 대한 생각 없이 이곳 저곳을 떠돌아 다님.

　b) 1개월 이상 주소가 정해져 있지 않음.

⑥ 진실에 대한 경시. 이는 반복되는 거짓말, 가짜 이름의 사용, 자신의 이익이나 쾌감을 위해 타인을 사기 치는 것으로 나타난다.

⑦ 자신이나 타인의 안전을 경시함. 이는 술에 취한 상태에서 운전을 하거나 반복적인 과속운전으로 나타남.

⑧ 부모나 보호자인 경우 책임 있는 부모로서의 역할을 수행하지 못함.

　　a) 자녀의 영양불량.

　　b) 최소한의 위생상태를 유지하지 못함으로 생긴 자녀의 질병.

　　c) 중병을 가진 아이에게 의료혜택을 주지 못함.

　　d) 자녀들의 음식이나 거주를 이웃이나 같이 살지 않는 친척에게 의지함.

　　e) 부모가 집을 떠날 때 어린아이를 돌보는 사람에게 맡기지 않음.

　　f) 집안 살림을 위해 필요한 돈을 자신만을 위해 낭비하는 일을 반복함.

⑨ 1년 이상 일부일처 관계를 지속하지 못함.

⑩ 양심의 가책이 없음(타인을 해치거나 학대하거나 남의 물건을 훔친 것에 대해 정당한 것으로 생각함).

― 반사회적 행동은 아동기 또는 초기 사춘기에서부터 시작되며 사춘기와 초기 성인기에 절정에 달한다. 40세가 넘으면 자연히 호전되는 경우가 많다.

(7) 경계적 인격장애(borderline P.D.)

불안, 공포, 우울, 건강염려와 같이 걱정거리가 많다. 본인이 기쁘려고 노력하지만 쉽사리 즐거움에 도달하지 못한다. 정서와 행동 및 대인관계의 불안정과 주체성의 혼란으로 모든 면에서 변동이 심한 인격장애로 정신병 상태로 넘어가는 경계선상에 있다고 보고 있다. 여자에게 많다. 초기 어머니와 가졌던 병적 양가감정이 잠재적으로 내재화되어 선과 악, 극과 극으로 대인관계를 양극

화한다.

양상 : 항상 위기감에 빠져 있다. 위기상태에서 참아 내지 못하고 분노감을 보이며 논쟁적이고 요구적이며 문제를 다른 사람에게 전가시키려 한다. 행동은 돌발적이고 통제력이 상실되어 예측불허이고 낭비, 성적 문란, 도박, 약물, 도둑질, 과식과 같은 행동, 자해행위 등을 보여 동정을 받거나 자신의 불안정한 정서를 가라앉히려 한다.

진단기준

감정, 대인관계, 자아상의 불안정을 특징으로 한다. 청년기에 시작하며 다양한 상황에서 나타난다. 다음 중 최소한 다섯 가지 항목으로 나타난다.

① 과대 이상화와 과소 평가의 극단 사이를 반복하는 것을 특징으로 하는 불안정하고 격렬한 대인관계의 양상(인기가수를 천사처럼 여기고 자기 동생은 바보로 취급하는 예).

② 자신을 손상할 가능성이 있는 최소한 두 가지 이상을 충동적으로 행함. 예를 들면 낭비, 성적 문란, 물질 남용, 좀도둑질, 부주의한 운전, 과식 등.

③ 정상 기분에서 우울, 신경질, 불안으로 쉽게 바뀌며 보통 수 시간 지속되고 드물게는 며칠 이상 지속.

④ 부적절하고 심하게 화를 내거나 화를 조절하지 못함. 예를 들어 자주 울화통을 터뜨리거나 늘 화를 내거나 자주 싸움을 함.

⑤ 반복해서 자살한다고 위협하거나 자살하는 척하거나 자살 시도 혹은 자해함.

⑥ 뚜렷하고 지속적인 주체성 장애를 보인다.

⑦ 만성적인 공허감 또는 지루함에 빠져든다.

⑧ 실제적으로나 상상의 자포자기를 하지 않기 위해 매우 노력함.

－ 40세 이후에는 잘 보여지지 않는다(인생의 반복되는 경험을 통해 완만하여지는 것이 아닌가 한다).

(8) 회피성 인격장애(avoidant P.D.)

거절과 배척에 대해 극도의 예민한 반응을 보이며 인정을 바라면서도 사회로부터 철수해 버린다. 또는 위축된다. 사회생활 자체를 포기해 버린다. 그러나 내심 대인관계의 친밀함을 원한다. 일반적으로 자존심이 약하고 자기비하가 강하다. 어려서 소심한 성격이 많은 영향을 준다.

양상 : 사회적으로 감추어진 은둔생활을 원하지만 실제로는 남들과 안정된 친분관계 맺기를 원한다. 그러나 상대방의 거절, 거부에 민감한 반응을 보이고 자신에게 절대 거절을 보이지 않은 사람하고만 관계를 맺고자 하는 특징을 가진다.

진단기준

사회적 불편함, 부정적 평가에 대한 공포, 그리고 소심함이 광범위한 양상으로 나타난다. 청년기에 시작되고 다양한 상황에서 나타난다. 다음 중 최소한 네 가지 항목으로 나타난다.

① 비판이나 인정받지 못하는 것에 대해 쉽게 상처받음.

② 1차 가족 이외에는 가까운 친구나 동료가 없거나 한 명만 있다.

③ 자신을 좋아한다는 확신 없이는 사람들과 관계하는 것을 피함.

④ 의미 있는 대인접촉이 관련되는 사회적 또는 직업적 활동을 회피한다(예 : 사회적 요구가 늘어나는 승진을 회피함).

⑤ 부적절한 말이나 어리석은 말을 할까 봐 두려워함. 또는 질문에 대답하지 못할까 봐 두려워하여 사회적인 상황에서 말이 없음.

⑥ 타인 앞에서 얼굴이 붉어지거나 울거나 불안한 증후를 보이게 될까 봐 두려워함.

⑦ 가능성 있는 애로사항, 신체적 위험 또는 늘 하는 일 이외의 규칙적인 일을 하다가 생기는 사고를 과장한다.

― 보호적인 환경이나 적절한 카운슬러에 의해 대개 정상기능을 수행하게 된다.

(9) 의존성 인격장애(dependent P.D)

자신의 욕구를 타인의 욕구에 종속시키고 삶의 중요 부분에 대한 책임을 타인에게 지운다. 자신감 없어하고 혼자 고립되었을 때 괴로워한다. 어떤 폭력 집단이 한 보스에 의해 힘이 모아져 있다가 보스가 깨지면 극히 나약해져 버리는 의탁적 장애이다. 여자와 어린아이에게 많다. 어린 시절 무슨 일을 혼자 하려 할 때 부모나 어른이 미묘하거나 야비한 방법으로 체벌한 경우, 부모와의 밀착관계의 손상을 두려워하여 모든 행위를 부모로부터 주입받으려 한다. 자율적 행동을 습득하지 못한다.

양상 : 의존과 복종이 특징이다. 염세적이고 수동적이다. 공격적 표현을 못 하고 두려움이 앞선다. 사소한 일도 자신이 결정하지 못하고 자기 욕구를 언제나 억제한다. 자신을 도와 주는 사람과의 밀착관계가 깨질까 봐 두려워한다. 자신을 학대하면서 자신을 과보호해 주는 보호자나 지도자에게 학대받음으로 위로와 안정을 찾는다. 학대받는 부인이 남편에게 잘 대접해 주는 경우이다.

진단기준
의존적이고 복종적인 행동양상을 띤다. 청년기 이후에 시작되며 여러 상황에서 나타난다. 다음 중 최소한 다섯 개 항목으로 나타난다.

① 타인으로부터의 상담, 충고 또는 확신 없이는 매일매일 결정 내리는 일을 하지 못한다.

② 타인으로 하여금 자신의 중요한 결정을 하게 한다(예 : 살 곳, 직장선택 등).

③ 자신이 틀리다고 믿는 일도 타인에게 배척당할까 봐 두려워 그 의견에 동의한다.

④ 계획을 시작하기 어렵거나 스스로 일을 하기가 힘들다.

⑤ 타인에게 잘 보이기 위해서 싫거나 천한 일을 자원해서 한다.

⑥ 혼자 있으면 불편 또는 무기력하게 느끼거나 혼자 있는 것을 피하려고 장거리에 간다.

⑦ 절친한 관계가 깨지면 황폐화된 또는 무기력한 감정을 느낀다.

⑧ 자신이 버려질 것 같은 두려움에 흔히 집착한다.

⑨ 비판이나 인정받지 못하는 것에 의해 쉽게 상처받는다.

— 타인에게 이용당하기 쉽고 박해받기 쉽다. 자기주장 훈련 (assertiveness training)에 의해 호전될 수 있다.

(10) 강박성 인격장애(absessive compulsive P.D.)

매우 엄격하다. 예의바르고 완고하며 까다롭고 형식적 성향이 강하다. 반복 확인해야 마음이 편해지고 지나치게 통제적이고 완벽주의자이다. 휴식할 줄을 모른다. 책임감이 과장되게 보여지고 이로 인해 괴로워한다. 특히 성직자, 교직자에게 많다.

남자에게 많고 소아 후기에 많다. 소아 2~4세 항문기에 대소변 가리기 훈련과정에서 어린이의 욕구와 어린이를 사회화시키려는 (대소변을 자립하도록) 부모의 과도한 요구 사이에서 갈등이 나타날 때 생긴다.

양상 : 기본적 특성은 정돈성, 인내심, 완고함이 있으며 감정표현에 인색하다.

모든 일에 합리적이고 형식적이어서 다른 사람들에게 거리감을 준다. 자신의 사생활이 올바르게 일정한 틀에 맞게 유지되고 있는지에 대하여 지나치게 신경을 쓴다. 대인관계는 주로 수직관계를 유지하기 때문에 윗사람에게 철저히 복종하지만 아랫사람 역시도 자신에게 철저히 복종하기를 원한다.

주위 사람이 완벽하지 못할 때 경멸하고 무시한다. 그러나 적극적으로 표현은 하지 않는다. 자신이 혹시나 실수하지 않을까 하여 일에 대해 두려움이 있어 우유부단한 자세를 취한다. 정확성을 요구하는 직업에는 성공적이나 융통성을 요구하는 직업에는 실패하기 쉽다.

진단기준

완벽한 완고함이 광범위한 양상으로 나타난다. 청년기에 시작하며 여러 상황에서 나타난다. 다음 중 최소한 다섯 가지 항목으로 나타난다.

① 일을 시작하여 마치는 데까지 철저한 완벽주의자이다.

② 사소한 일, 규칙, 목록, 명령, 조직 또는 계획표 같은 부수적인 일에 너무 얽매여서 일의 주요 관점을 잃어버린다.

③ 일을 하는 데 있어서 타인이 자신의 방법에 정확하게 복종해야 한다고 불합리하게 주장하거나, 타인은 그것을 정확하게 할 수 없다고 믿기 때문에 타인에게 일을 맡기는 것에 대해 싫어한다.

④ 여가활동이나 친구와의 교제를 마다하고 직업이나 생산적인 일에 지나치게 충실하다(경제적 필요에 의한 것이 아니고 일에 몰두하여 만족한다).

⑤ 우유부단 : 결정하는 것을 피하거나 연기하거나 오래 끈다. 예를 들면 우선 순위에 대해 반복해서 생각하기 때문에 시간 내에

전체 일을 할 수 없게 된다.

⑥ 지나치게 양심적임. 도덕, 윤리, 가치관에 관하여 완고하여 자신의 기준에서 벗어난 생각이나 행위는 비판함.

⑦ 감정표현을 제한시키려 하여 절제된 언어 표현을 한다.

⑧ 개인적 이득이 없을 때 시간, 돈, 선물을 주는 아량이 없다.

⑨ 가치가 없는 낡고 오래된 물건을 버리지 못함.

(11) 수동-공격성 인격장애(passive-aggressive P.D.)

심술, 고집, 비능률의 특징을 보인다. 부모의 갈등이 독단적 이기심을 드러내고 공격적이면 자녀들은 정상적인 자기 주장을 할 수 없게 되어 분노를 비뚤어진 방법으로 표현하는 것을 배운다. 즉 겉으로는 공손하고 양보하는 것처럼 보이나 실제로는 억압자를 응징하는 방법을 습득한다.

양상 : 자신의 욕구가 충족되지 못할 때 적개심의 표현을 수동적 방법으로 한다. 예를 들면 의도적으로 게으름을 피운다거나 눈에 띄지 않게 훼방을 놓는다거나 고집을 피운다. 또는 비능률적으로 행동하여 교묘히 공격한다. 자기 업무에 대해 핑계를 대고 사회생활에 성공하기 어렵다. 자해적 행동도 남을 응징하기 위해서이다.

진단기준

적절한 사회 직업적 수행에 수동적 저항을 보이는 광범위한 양상을 띤다. 청년기에 시작되고 여러 상황에서 나타난다. 다음 중 최소한 다섯 가지 항목으로 나타난다.

① 해야 할 일을 마감이 될 때까지 시킨다.

② 자신이 원치 않는 일을 하도록 요구할 때 화를 내고 자극을 쉽게 받고 꼬치꼬치 따진다.

③ 자신이 실제로 원치 않는 일을 할 때에 의식적으로 천천히 일을 하거나 제대로 하지 않는 것처럼 보인다.

④ 타인이 불합리한 요구를 할 때 정당하지 못하게 저항한다.

⑤ 잊었다고 주장하면서 의무를 피한다.

⑥ 자신은 타인이 생각하는 것보다 더 좋은 일을 하고 있다고 믿는다.

⑦ 더 생산적으로 할 수 있는 방법에 대한 타인의 유용한 제안에 대해 화를 낸다.

⑧ 작업 중에 자신이 맡은 부분에 실패함으로써 다른 사람의 노력을 헛되게 한다.

⑨ 권위적인 위치에 있는 사람을 불합리하게 비판 또는 경멸한다.

※ 인격장애의 여러 분류에 있어 어떤 특정인은 전형적으로 한 가지 유형의 장애에 예속되는 수가 많다. 그러나 간혹 평범하고 경미한 장애의 경우 특이하게 한 장애에만 속하는 경우보다도 두 가지 내지 세 가지의 중복적 장애를 지닐 수 있게 된다.

한 가지 유형에 국한될 경우에는 그것으로 결정되어지지만 중복된 장애의 경우, 장애들 간의 유사성으로 겹쳐질 수도 있고 때로는 유아기적 장애가 성장기의 교육이나 환경 등에 의해 변형 중복되거나, 이중적 잠복장애를 지니게 되는 수가 있다.

Ⅵ. 성경적 인격구조

천지 창조 속에 인간을 창조하시다

창세기 1장 1절 "태초에 하나님이 천지를 창조하시니라"에서 이미 하나님은 자신의 뜻과 계획에 의하여 우주를 창조하셨다. 이 창조의 모든 조건이 창세기 1장 26절 이후의 인간창조를 예정하여 이에 맞추어 낮과 밤, 하늘과 땅, 식물과 짐승, 광명으로 하여 징조와 사시, 일자와 연한(signs, seasons, days, years)을 이루시고 해와 달과 별들을 만들어 놓으심으로 인간이 살기에 좋은, "하나님이 보시기에 좋았더라"는 조건으로 창조하여 놓으셨다. 하나님의 우주 창조 섭리는 당신의 좋아하셨던 그 뜻이 인간이 살아가기에 좋은 조건으로 조성하심이었다. 이러한 우주 창조의 조건 없이 인간은 절대 생존할 수가 없다. 그 어느 한 조건만 부족해도 생존할 수 없게 되어 있다.

동양의학적 측면에서 보아도 인간의 구조는 하나님이 만드신 대우주(大宇宙 : macro-cosmos) 속에 하나님이 만드신 인간이라는 소우주(小宇宙 : micro-cosmos)가 유사성, 즉 우주의 모습과 인간의 모습이 서로 잘 적응되며 발전하는 구조적 유사성을 가지고 있다. 지상에 산소가 결핍되고 공해가 심해지면 인간은 살아갈 수 없고, 또 인간이 살지 않는 우주는 아무런 의미가 없는 죽은 우주일 뿐이다. 우주의 조건이 정상이면 인간 또한 풍요롭고 복되게 살 수 있고 반대로 인간이 살아 있음에 우주의 존재가치가 있는 것이다. 하나님은 인간을 위해 천지를 창조하셨고 창조된 천지는 인간이 있어야만 존재의 의의가 있으며 번성할 수 있다.

하나님의 형상대로 창조하시다

창세기 1장 27절에 하나님이 자기의 형상(Image of God)대로 사람을 창조하셨다고 했는데, 이 '형상'의 광의적 의미는 외형적 모습이 아니라 하나님의 인격성(Image of God's personality)에 큰 의미와 비중을 둔 것이다. 하나님의 사랑, 자비, 긍휼하심, 용서, 선함, 거룩성과 같은 하나님의 인격성에 견주어 닮은 꼴이 되도록, 선한 마음과 양심, 도덕성, 경외심, 악을 미워하고 선을 찾음, 하나님을 향한 제사, 경배, 기도로 교제가 이룩되도록 인격성을 창조하신 것이다.

이 인격성은 잉태에서부터 죽음에 이르기까지 인간 본인의 자율성이나 노력에 의해 변화, 발전되는 것처럼 보이나 실제로는 이미 하나님이 창조하신 섭리에 의해 그 체질과 기질, 성향이 결정되고 오직 하나님에 의해서만이 인간이 살기 좋게(하나님이 보시기에 좋게) 발전될 수 있다.

인간의 비인격적 모습에 대한 인위적 개선이나 노력은 이를 잠시 호전시킬 수 있으나 다시 비인격적 자극들이 침범해 올 때 재발되고 괴로워하게 된다. 마치 감기 바이러스가 퇴치된 뒤 감기가 나았다가 다시 바이러스가 침범하면 또 감기에 걸리듯이 재발이 계속 이루어진다. 그러나 하나님의 뜻과 역사에 의해서 인격화된 인격성은 다시 퇴행되거나 재발되지 않고 보다 더 좋게 점차 개선되며 성숙된 인격이 될 수 있다.

하나님의 모양대로 사람을 만드시다

창세기 1장 26절에 "하나님이 가라사대 우리의 형상을 따라, 우리의 모양대로 우리가 사람을 만들고"(Let Us make man in Our image, according to Our likeness)라는 말씀이 있다. 하나님이 당신의 형상뿐만 아니라 당신의 모양대로 "우리가"(하나님의 인격체로서 다수적·복수적 인격 조합체의 모양) "사람을 만들고"(인격이 있는 인간으로)라고 되어 있다. 즉 하나님의 인격의 모든 모습들을 세밀하고 아름다운 그릇 속에 담아 여러 가지 인격의 재료들(예를 들면 사랑, 양선, 자비, 거룩 등)을 그 모양, 그 모습대로 유전시켜 닮게 하셨다. 뿐만 아니라 이것들은 서로 다른 이성, 남자와 여자라는 아름다운 쌍 그릇에 만들어져 상호 인격의 교류를 나눌 수 있도록, 서로간의 부족함을 채우는 사랑의 교제를 나눌 수 있도록 하셨다. 이 인격의 상호 교제로 하나님의 이미지가 표출되게 된다.

창세기 5장 1절 "하나님의 형상대로"(the likeness of God)의 의미는 하나님의 뜻이 우리에게 인격으로(형상 → 닮음 : image → likeness) 완성되길 원하시고 이것을 "보시고 좋았더라"(God saw that it was good)로 비로소 창조가 완성된다는 것이다.

복을 주시고 다스리게 하시다

창세기 1장 28절에 완성된 인격체에게 하나님이 복을 주시고(blessed) 우주만물을 다스리게 하셨다(rule over). 완성되지 못한 인격체는 하나님이 복을 주실 수 없고 그 온전하신 복에 참여하지를 못한다. 하나님이 당신의 형상과 모양으로 이룩된 인격체에게 생육하고 번성하며(fruitful and multiply) 땅을 정복하고 모든 육축을 다스리게 하셨다. 이 다스리는 자는 곧 인격자이다. 비인격자는 그 품성이 생육, 번성될 수 없고 땅을 정복하거나 육축을 다스릴 자격이 없는 것이다. 오히려 비인격자에게 주어지는 다스리는 축복은 우상 숭배와 교만과 저주로 변질되어졌다는 것을 성경에서 많이 본다.

하나님의 인격의 본성은 사랑이시다

"… 우리가 서로 사랑하자 사랑은 하나님께 속한 것이니(love is from God) 사랑하는 자마다 하나님께로 나서(born of God) 하나님을 알고(knows God) …"(요한일서 4:7). 그렇다. 하나님의 본성(인격)은 사랑이시기 때문에 당신의 형상대로 만드신 인간의 본성(인격)도 하나님으로부터(from God) 주어진 것이고 그로부터 탄생(born of God), 창조된 것이다. 때문에 인간에게 사랑이 상실되면 곧 그것은 인격의 파괴요, 인격의 장애인 것이다.

사람이 생령이 된지라

"여호와 하나님이 흙으로 사람을 지으시고 생기(breath of life)를 그 코에 불어넣으시니 사람이 생령(生靈 : living being)이 된지라"(창세기 2:7). 이는 앞서 말한 '형상대로'(Image of likeness)의 인격성에 덧붙여 사람을 영적 존재로 성립시켜 놓았다. 즉 형상을 몸(body, physical source)과 인격(image, mind, soul, personality)으로 창조하신 뒤에 살아 있는 존재(living being)에서 본래의 최종 목적인 영적 존재(spiritual source)로 완성시키게 된다.

그래서 인간에게는 영(靈 : spirit), 혼(魂 : soul, mental source), 육(肉 : body, physical source)의 삼원적(三元的) 구조가 있게 된다.

1. 영·혼·육의 구조

**인간은 보이는 구조(육체)와 보이지 않는 구조(영혼)로
구분할 수 있는 이중적 구조모형을 가지고 있다**

고전적 종교관에서는 사람의 육체 속에 영혼이 이사 다니는 것처럼 이들이 서로 분리될 수 있다고 생각하여 왔다. 이 사상의 기초는 헬라에서 기원하여 스토아 철학에서 집대성되었고 이 사상이 기독교의 일부 전파에 의해 영향을 주게 되었다. 이 논리적이고 분석적인 구조의 세분화 작업이 대다수의 서양 사고방식의 기초가 되었다.

이 분석적 방법이 서양의학을 태동시키게 되었고 이 과학적이고 의학적인 분석력은 인간을 육체와 영혼(영과, 혼 = 정신)으로 분리시켜 육체에 관해서만 과학적·의학적으로 집중적인 연구를 함으로써 인간의 거룩한 영성을 무시하게 되었다. 혹은 인정한다 하여도 단순히 종교적 의미, 관념적 의미, 비과학적 시각으로만 보게 되었다. 후대의 사람들이 소위 과학적 사고방식으로는 영혼의 존재를 인정하지 않을 뿐더러 이 영혼의 실체에 대한 과학적 불인정이 하나님의 실체를 인정하지 않는 사고에까지 이르게 되었다.

결국 영혼과 육체의 상호절대분리불가이론에서 분리가능논리로 확정됨으로 분리된 곳의 질병에 대해서만 병을 고치기 때문에 전인치유라는 보편적 통합치료(극히 동양의학적인)의 가치를 놓치고 만 것이다. 그래서 잘못된 부분, 병든 곳만을 고침으로 한쪽의 병든 곳이 다른 곳의 병에 미치는 영향에 관해서는 무관심한 것으로 인정하고 말았다. 인체를 마치 자동차의 부속품처럼 별도로 치료하는 방식의 현대의학적 분리 치유에 이른 것이다. 영혼이 아프면 육체가 아파하고 육체가 병들면 영혼이 연약하여짐을 좀처럼 이해하지

못하게 되었다.

영·혼·육의 삼분설(the trichonomous theory)

전제조건

인간의 육체와 영혼은 절대 분리되지 못한다. 그 기능이 서로 다를 뿐이지 별도로 독립된 구조와 기능을 지닌 것이 아니다. 이 둘은 동시적이며 또한 어느 한쪽이 구조나 기능이 없으면 다른 한쪽도 구조와 기능을 가질 수 없게 된다. 육체와 영혼이 분리되었을 때 이미 그는 인간이 아닌 것이다.

"너희 온 영(靈 : whole spirit)과 혼(魂 : soul)과 몸(肉 : body)이 우리 주 예수 그리스도 강림하실 때에 흠 없게 보전되기를 원하노라"(데살로니가전서 5:23).

영·혼·육을 꼭 세분하려는 것이 아니라 영·혼·육의 전체적인 사람의 삶을 예수 그리스도 강림하실 때까지 보전하기를 바라는 축복인 것이다. 따라서 영·혼·육의 이론적 분리는 말할 수 있지만 이들은 각각 독자적으로 존립할 수 없고 서로 유기적으로 작동될 때만이 상호 존립의 실체를 이룰 수 있게 된다. 이 외에도 몸과 이성, 지성, 지혜, 의지, 도덕, 마음, 지식 등과 같은 여러 요소들로 분리되나 이 역시 독립된 것이 아니라 통합적 존재인 것이다.

데살로니가전서 5장 23절과 함께 히브리서 4장 12절을 보자.

"혼(魂 : soul)과 영(靈 : spirit)과 및 관절과 골수(關節, 骨髓 : joints, marrow = body)를 찔러 쪼개기까지 …."

성경에서는 영혼과 육체의 이분설이나 영·혼·육의 삼분설에 이르기까지 이 인간의 구조를 통합적 구조로 분석하여 이원적 존재와 구원적 존재로 달리 표현하고 있다. 여기에서 육신적(carnal) 구조는 거룩한 영과 대비되는 타락한 육으로 건전한 신체인 육적인(natural) 것과는 다른 의미이다.

육신적(carnal) = 영이 없는 사람(the man without the spirit)
몸으로(fleshly), 세상적으로(worldly),
관능적인(sensual)
(고린도전서 2장 14절~3장 3절까지 참조)

인체의 구조는 여러 개로 나누어진 부분들의 집합체가 아니라 절대 나누어질 수 없는 통합체이다. 이미 완성된 통합체를 그 기능면으로 분류시켜 볼 때 어느 하나만이 홀로 독립되어질 수 없는 삼위일체(trinue)적 존재임을 알 수 있다. 서로 연관되어 있고 의존적이며 어느 한 부분이 다른 부분에 영향을 미칠 수 있다. 예를 들면 영이 몸과 마음(혼)에, 몸이 영과 마음에, 마음이 영과 육에 영향을 미친다.

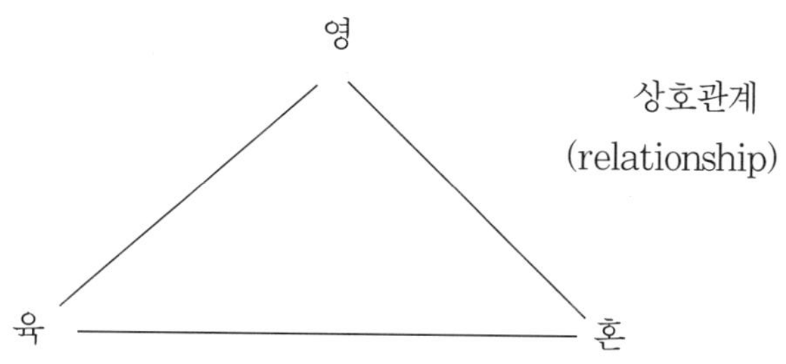

〈그림 5〉 영·혼·육의 관계

영이 기뻐하면 혼과 육이 즐겁고, 육과 혼이 아파하면 영이 통제 제어하며, 혼이 유혹에 병들면 영이 혼미하여지고 육도 질병을 방어하지 못한다. 이들은 상호 좋은 방향으로 서로를 돕고자 하나 어느 한 부분이 지나치게 추락하면 다른 부분이 이를 길항(拮抗)적으로 상호 보존하는 메커니즘을 상실하게 되어 상호동반적으로 고통을 당하게 된다.

앞에서 전제했듯이 사람은 하나님의 형상을 따라 만들어졌다(창세기 1:26-28).

"하나님은 영이시니"(요한복음 4:24).

따라서 사람은 영적 존재임에 틀림없다. 인간은 구조나 기능에 있어 항상 육신을 입고 있는 영(incarnated spirit)으로 성경에서는 표현하고 있다. 즉 사람은 영(spirit)으로서 혼을 가지고 (having soul) 육체 안에 살고(living in the body) 있는 것이다. 사람은 이래서 자연 세계와 초자연의 영적 세계를 동시에 다 경험하며 살아가고 있다. 동물의 경우는 영적 세계와 무관하다. 이로써 인간은 하나님의 형상대로 지어진 영적 존재인 것이다.

자연 세계와 영적 세계는 그 중요성과 무게에 있어 어느 것이 더 무겁고 중요하다고 말할 수는 없지만, 영적 세계가 영구적이고 자연 세계, 즉 육적 존재는 유한하다는 것을 바라볼 때 성령과 교통하는 영적 세계를 중요시하여야 한다.

반대로 육적 상태나 혼적 위치를 등한시하거나 육적인 것은 거룩하지 않다고 몰아세우는 것은 마치 육이 하나님의 형상과 관계없는 것으로 여기는 것이므로 인간을 지으신 하나님의 뜻을 잘 모르고 오히려 위배하는 꼴이 되고 만다. 그래서 육체를 잘 관리하며 정신, 즉 혼의 세계를 경건과 건전함으로 유지하여야 할 것이다. 영과 혼과 육은 서로 같이 즐거워하고 또한 같이 아파한다.

■ 참고
시편 32:3-4 ; 31:9-10 ; 38:3-11 ; 84:2

잠언 12:4,18,25 ; 14:30 ; 15:30 ; 16:24 ; 17:22
마가복음 2:1-12
야고보서 5:14-16

2. 영·혼·육의 기능

영은 아는 기능(thought)이 있고(고린도전서 2:11) 혼은 느끼는 기능(expressing)이 있어(정신·심리학적 측면) 이 둘이 내부 사람을 구성하고 죽으면 몸을 떠나게 된다(야고보서 2:26).

        ┌── 영 : 하나님을 의식(God-conscious)
        ├── 혼 : 자아를 의식(self-conscious)
        └── 몸 : 세상을 의식(world-conscious)

(1) 영

하나님은 영이시고 영적 존재인 사람은 하나님과 교제할 수 있다. 예수를 구주로 영접하고 거듭났다고 할 때 육체와 혼의 거듭남이 아니라 영의 거듭남을 말한다. 하나님의 성령에 의해 사람의 영이 교제될 때에야 비로소 구원을 얻고 사람의 영이 온전하여질 수 있다.

영이 거듭남으로 혼이 순결하여지고 육체의 건강도 찾아가는 것이다. 혼과 육의 거룩함에 따르는 변화는 영의 변화처럼 일시적이 아니다. 인간의 영은 오직 하나님만이 관계하셔야 한다. 성령의 역사와 은사는 인간 스스로의 의지나 노력이나 말씀의 훈련에 의한 것이 아니라 오직 하나님의 영, 성령이 직접 관여하시고 직접 주신다. 따라서 하나님의 영이 인간의 영에 나타나시고 주심은 인간에게 유익을 주시기 위함이다.

■ 참고
요한복음 3:3-6
고린도후서 4:16 ; 5:17
마태복음 26:41
요한복음 6:63 ; 14:26
고린도전서 12:10 ; 12:7

(2) 혼

사고하고 논리와 합리성이 있으며 감각, 의지, 지성, 지혜, 갈망, 열정 등과 같은 정서의 측면을 지닌다.

자연인의 정신세계(마음)의 기능이다. 영은 믿음으로 거듭나지만 지성과 감정과 같은 정서를 지닌 혼은 말씀으로 새로워지고 변화되고 발전할 수 있다. 자신을 날마다 십자가에 못박음으로 점차 변화되어 간다.

혼의 기능 분류
의지 : 내가 원하는 것 (want) : 意 ┐
지성 : 내가 생각하는 것 (think) : 志 ├── 판단과 행동
감정 : 내가 느끼는 것 (feel) : 情 ┘

• 혼의 상태에서 하나님께 반역하면 그 사람은 더 이상 영적 존립성을 상실하고 소위 지성인이라고 자칭하는 상태에 머물고 만다. 아니면 정신수양자나 도덕군자, 인본주의자에 그치고 만다.

• 현재의 몸은 흔적이나 부활되는 몸은 영적이다(고린도전서 15:44 : Natural body → Spiritual body).
• 우리 인체구조와 비교하여 설명할 수 있다.

위장은 음식을 먹고, 폐장은 산소를 호흡하여 생명을 유지한다. 혼은 말씀을 먹고 영은 기도로 호흡하여 성령과 교제한다.

역대상 10:13 — 사울은 말씀을 먹지 않고 지키지 않음으로 혼이 죽고 전차 아신에 신접함으로 영이 죽게 되었다. 다윗은 수금으로 사울왕의 혼의 병을 위로하였다.

■ 참고

고린도전서 14:14 : "내가 만일 방언(方言 : tongue)으로 기도하면 나의 영(my spirit)이 기도하거니와 나의 마음(my mind)은 열매를 맺히지 못하리라(unfruitful)" = 우리가 하나님의 영과 기도하여 영적 교제를 하지만 마음(혼)의 거울에 비추어지고 결실을 맺어야만 영과 혼이 함께 하나님과 교제하는 것이다. 따라서 방언을 통한 영적 교제는 반드시 혼으로 응답 결실되어야 한다.

야고보서 1:21

로마서 12:2

시편 23:3 ; 103:1-2

히브리서 4:12

(3) 육

먼저 언급할 사항은 우리의 육을 현대 과학의 생물학적 구조와 기능으로만 바라보아서는 안 된다는 것이다. 육은 영이나 혼과 함께 삼위일체로 존재한다. 인간의 몸은 흙으로 지어졌고 이 세대를 본받지 않고 거룩한 산 제사를 드리며 의의 병기로 하나님께 드려지고 성령을 모셔들이며 성전 된 몸으로 거룩히 구별되어야 한다.

육은 반드시 몸이 가지고 있는 감각기관(오관)을 통해서 인식하고 판단하며 시행하게 되는데 이는 혼(정신)에 의해 결정되며 시행된다. 또한 영의 소망과 거룩성이 혼을 통하여 육체에 나타나 보여진다. 하나님은 몸을 위하시고 몸은 주를 위해 있다(For the Lord, and the Lord for the body).

> "식물은 배(위장)를 위하고 배는 식물을 위하나(Food is for the stomach, and the stomach is for food) 하나님이 이것 저것 다 떼하시리라 몸은 음란을 위하지 않고 오직 주를 위하여 주는 몸을 위하시느니라(But for the Lord : and the Lord is for the body)"(고린도전서 6:13).
>
> "너희 몸은 너희가 하나님께로부터 받은 바 너희 가운데 계신 성령의 전(your body is a temple of Holy Spirit)인 줄을 알지 못하느냐 너희는 너희의 것이 아니라"(고린도전서 6:19).

주님은 우리의 몸을 위하시고 우리 몸은 그 속에 성령이 계시는 성전이라고 하였다. 따라서 육체는 영혼에 비하여 타락되었거나 더러운, 취한 것이 아니라 온전한 것이기에 잘 보존 관리되어야 한다.

이와 반대로 로마서 8장 5절에서의 육신(肉身)은 고린도전서의 몸과는 전혀 다른 뜻을 가지고 있다.

> "육신을 좇는 자(the sinful nature have their minds)는 육신의 일(nature desires)을, 영을 좇는 자(Spirit have their minds)는 영의 일(Spirit desires)을 생각하나니."

고린도전도 6장의 몸, 육신은 하나님 앞에 온전한 육(肉)을 말하나 로마서 8장의 몸, 육신은 죄성의 육(肉)을 말하므로 전혀 다른 의미를 가지고 있다.

따라서 본래의 육체는 깨끗하므로 근본적으로 사람의 신체를 하나님과 대치되는 악한 것, 사탄적인 것, 타락된 것으로 취급하는 것은 잘못이다.

■ 참고
시편 139:13-16
욥기 10:8
로마서 12:1-2 ; 6:12-13
데살로니가전서 4:3-8
고린도전서 6:13,18
히브리서 10:5-7

이로써 사람은 영의 의식(spirit-conscious)보다 우선 몸을 의식(body-conscious)하게 된다.

조금 수련받았다 하면 마치 자신을 고결한 것으로 여기고, 혼(정신)을 의식(soul-conscious)하게 된다. 또한 이에 만족하려고 한다. 그러나 사람은 영적 존재이므로 영을 더욱 의식해야 한다.

영은 하나님으로부터 주어졌고 또 지녀야 하며 예수 그리스도로 말미암아 새로운 피조물로 거듭나야 하고 성령의 인도를 따라 영적 성장을 해야 한다(로마서 8:14).

• 영은 능동적(living being)이지만 혼은 수동적(giving spirit)이므로 영적 인도가 필요하다(고린도전서 15:45).

• 말씀으로 혼은 그 지성(志)이 깨끗하여지고 의지적 결단(意)의 과정을 거쳐 정서(情)가 새로워지고 충만하게 된다.

이로써 영·혼은 육을 조절(십자가에 못박음)할 수 있게 된다.

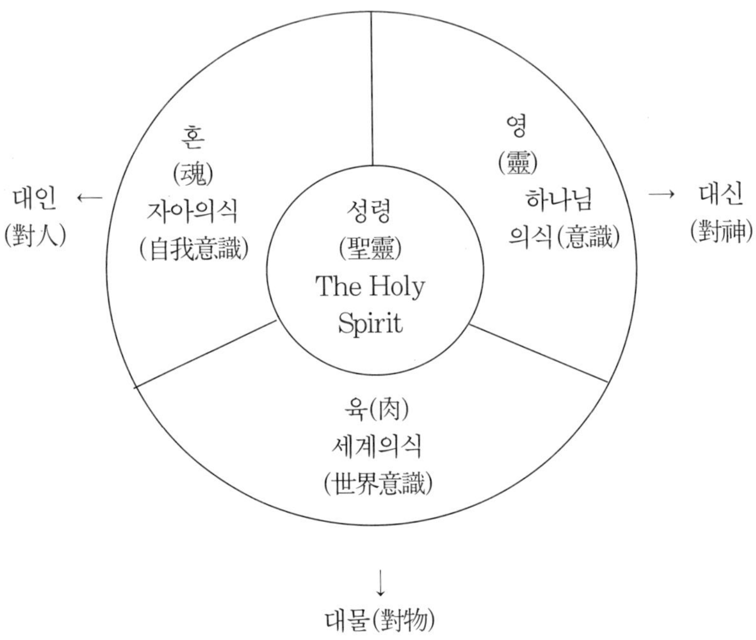

〈그림 6〉 성령과 사람과의 관계

성령은 in us, around us, through us.

성령은 영·육·혼을 통제하며 인간에게 부여하신 자유의지에 의해 하나님과 사람과 세계와를 연관되어 교류케 한다.

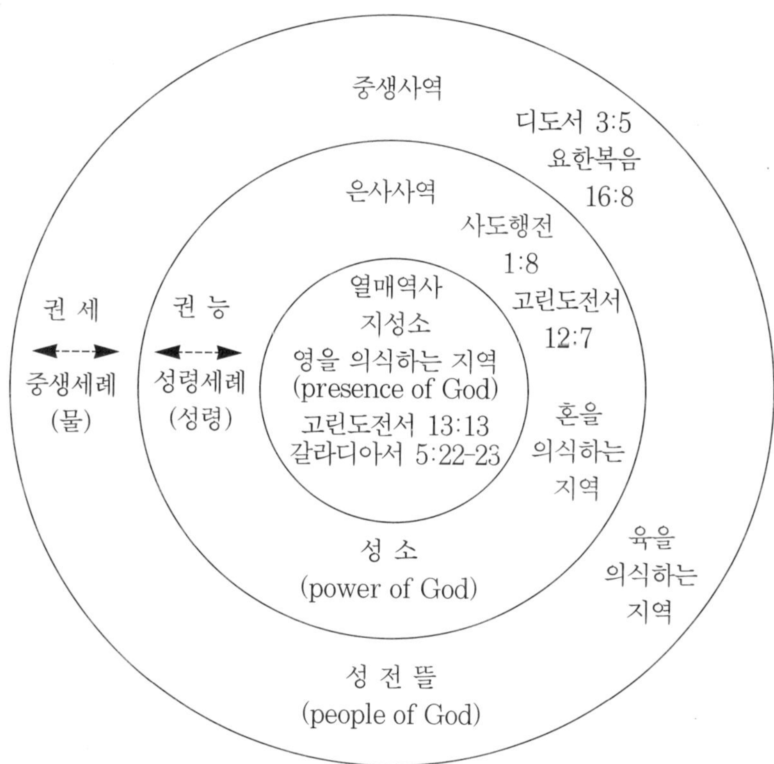

〈그림 7〉 하나님의 성전과 사람의 상태

　육의 상태(성전뜰)를 건전히 지탱함으로 혼의 상태(성소)에 경건성으로 동참하게 되고 충만한 은혜로 영의 상태(지성소)에 참여하게 된다.

VII. 건강·질병·치유의 개념

I. 건강의 개념

"하나님이 그 지으신 모든 것을 보시니 보시기에 심히 좋았
디라"(창세기 I:3I).

인간 건강의 최고 상태는 하나님이 인간을 만드신 창조의 모습
으로 하나님이 만족해 하시는 상태를 말하는 것으로 인간의 창조
상태, 그 모습을 유지하는 것이 건강의 온전한 모습인 것이다.
WHO는 건강을 육체적(physical), 정신적(mental), 사회적
(social)으로 쾌적한 상태라고 정의한다.

이는 영적 상태를 인식하지 못한 인본주의적 시각으로 통합적
원리보다 분석적 과학주의에 의해 인체를 분리시켜 버림으로 전인
(全人 : whole man)적 종합체로서의 원리를 상실한 개념이다.
1982년 인도 뉴델리 세계기독의사회에서는 영적(spiritual) 분야
를 추가시켜 "건강이란 신체적, 정신적, 영적, 그리고 사회적으로
정상인 상태이다"라고 정의했다.

"하늘에 계신 너희 아버지의 온전하심과 같이 너희도 온전하
라"(마태복음 5:48).

건강(health)은 온전함(whole), 거룩함(holy)이라는 단어들이
모두 온전함(complete)이라는 고어의 'hal'에서 유래되었듯이 영
·육·혼의 조화를 이루는 기능이다.

하늘에 계신 아버지 같이 너희도 온전하라(Be perfect → as

your heavenly Father is perfect).

(1) 육체적 건강의 개념

인체는 언제나 항상성(恒常性 : homeostasis)을 유지하려고 한다. 인체는 하나님이 만드신 보시기에 좋았던 상태를 유지하려고 한다.

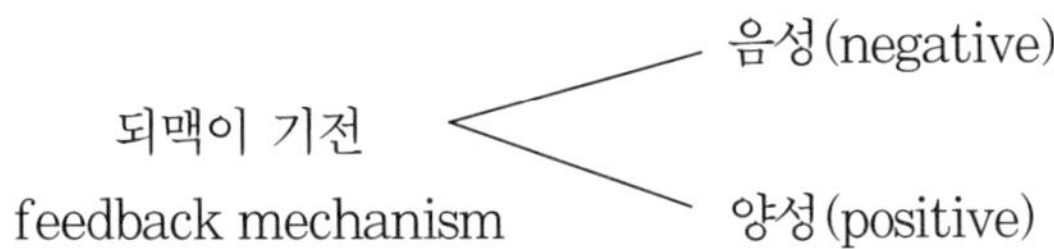

음성 되맥이 기전(negative feedback M.)은 사람이 달음박질을 하게 되면 온몸의 근육에 산소가 소비되고 이산화탄소가 증가하게 되어 심장이 더 빨리 뛰고 숨이 차 오르고 호흡량이 늘어나게 되는 것을 예로 들 수 있다.

이렇게 체내 이산화탄소의 증가로 체내 독성이 증가되는 현상을 떨어뜨리려는 음성 하향반응이 일어나는 현상으로 되돌아가려는, 인체가 정상으로 회복되고자 하는 역반응이다(동양의학 ― 내외부로부터 오는 해로운 요소가 인체에 증가함 : 邪氣實病).

양성 되맥이 기전(positive feedback M.)이란 예를 들면 체내 영양소가 부족하여 빈혈과 영양불량으로 인한 체력저하가 일어날 때 음식에 대한 욕구가 증가되고 섭취된 음식을 통해 인체에 부족한 영양소를 각 기관에 채워 주고자 하는 양성, 상향반응이 일어나는 현상으로 되돌아가려는, 인체가 정상으로 회복되고자 하는 반응이다(동양의학 ― 인체가 지니고 있는 정상적 기전이 향상됨 : 正氣虛症).

이와 같이 인체는 스스로 자신에게 해로운 방향에서 이로운 방향으로 되돌아가려는 되맥이 전이 기능이 있다. 이는 하나님이 '하나님이 보시기에 좋은 상태'로 되돌아가게 하시는 안정상태이다.

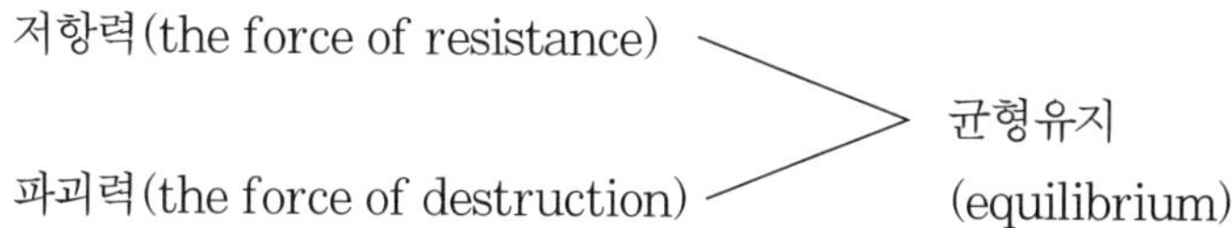

외부로부터 오는 세균이나 충격과 같은 파괴력에 대한 인체의 저항력이 이를 저지, 방어함으로써 인체의 건강 균형을 유지하게 된다. 이와 같이 인체는 외부의 세력으로부터 내부적 저항에 의해 생존되도록 이루어져 있다.

■ 참고
잠언 4:20-22 ; 17:22
디모데전서 4:8
출애굽기 15:26
신명기 7:15

(2) 정신적 건강의 개념

어떤 사람이 환경의 이치에 잘 맞게 합리적으로 행동하면 정신적으로 건강하다 하고 또는 다른 사람들과 같은 행동양식으로 보여지는 것이 정신적으로 건강하다고 말하는 주장도 있다. 정신적 건강은 얻어질 수 있는 것이 아니라 이상적인 정신에 가까이 이르는 것을 말하기도 한다.

즉 정신건강이란 때에 따라 변하는 환경 속에서 자의에 의해 능률적이고 현실적이면서도 발전적인 이상향을 보며 조화를 이루는 적응능력과 상호간의 관계를 말한다. 또한 의식적인 태도, 가치관 및 양식과 무의식적인 갈등과 방어기전을 말한다.

성경적으로는 경건성과 하나님을 향한 경외심의 기본적 자세가 있어야 한다. 하나님을 향한 경건성은 하나님의 형상을 닮아 가는 과정을 통해 정신적 건강을 회복하고 세상적 쾌락과 타락을 멀리하고 효도와 같은 대인간의 건전한 관계를 지속하는 것을 말한다.

즉 정신적 건강이란 영적 건강의 전제 없이 이룩될 수 없다.

아무리 많은 교육과 훈련을 통하여 지식과 덕망이 높다 하더라도 영적 구원을 받지 못한 정신은 온전한 정신적 건강을 지닐 수 없다.

요한삼서 2절에서 "네 영혼이"의 영어 성경은 영(spirit)이 아니라 혼(soul)으로 표현되고 있다. 이 말씀은 혼(마음, 인격)이 잘되면 범사(대인간의 인격관계)가 잘되고 강건(육체가 건강)하게 된다는 의미로 해석해도 무방할 것이다.

■ 참고

디모데전서 6:11

베드로후서 3:11

시편 37:21

사도행전 10:2

다니엘 6:10

(3) 영적 건강의 개념

영적 건강은 성령으로 거듭나고 은혜 충만함을 받아 생활 속에 성령의 열매인 사랑, 희락, 화평, 오래 참음, 자비, 양선, 충성, 온유, 절제를 이루어(갈라디아서 5:22-23) 하나님의 뜻을 이루는 것이다.

■ 참고
누가복음 15:27 ; 6:10
디도서 1:9 ; 2:1 ; 2:8
디모데후서 1:13-14
마태복음 12:13 ; 15:31
마가복음 3:5 ; 5:34
요한복음 5:1-15
사도행전 4:10

디모데전서 4:7-8
"망령되고 허탄한 신화를 버리고"(세상적인 지식과 정신교육)
→ 하나님의 영이 주관하는 혼(정신, 정서)을 잘 지켜 나가서
"오직 경건(godliness : 하나님을 향한)에 이르기를 연습하라"
→ 성경말씀과 기도로 혼이 성령의 지배를 받도록 하라.
"육체의 연습(physical training)은 약간의 유익이 있으나 경건
(godliness)은 범사에 유익하니"
→ 육체적 운동이나 훈련은 육체적 건강에 도움이 되는 것은 사
실이나 그것은 단순히 육신의 관리에 불과할 뿐이고(그렇다고 무
시해서는 절대 안 되며 육체의 관리도 중요하다) 영혼이 하나님께
향할 때 영혼과 육체와 모든 일에 많은 소득이 있다는 것이다.

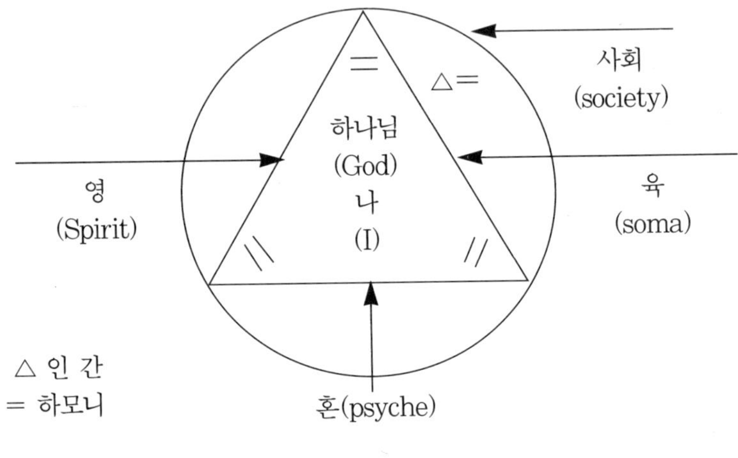

〈그림 8〉 건강의 개념

2. 질병의 개념

세 가지로 원인을 분류할 수 있다

질병이란 한 유기체의 정상적인 생명기능이 방해받거나 변형되어지는 손상을 말한다. 이는 선천적이거나 후천적인 해부학적 결함이나 신체기능 이상 등 생물 내부의 내인성(內因性) 변화로 인한 질병 또는 감염, 외상, 독소, 방사선 등과 같은 외인성(外因性) 변화로 인한 질병 또는 불내외인성(不內外因性)으로 사회적·정신적 요인 등과 같은 내부적 혹은 외부적 요인이 아닌 이유로 인한 질병으로 나눌 수 있다. 이 외에 영적으로 성령의 인도와 지배를 받지 못하고 육체적 욕정과 정신적 쾌락에 빠질 때 병이 든다.

■ 참고
이사야 57:10
잠언 23:35
열왕기하 8:29 ; 1:2 ; 20:1
열왕기상 15:23
역대하 16:12 ; 21:15
마가복음 6:56
누가복음 4:40 ; 7:10 ; 9:2

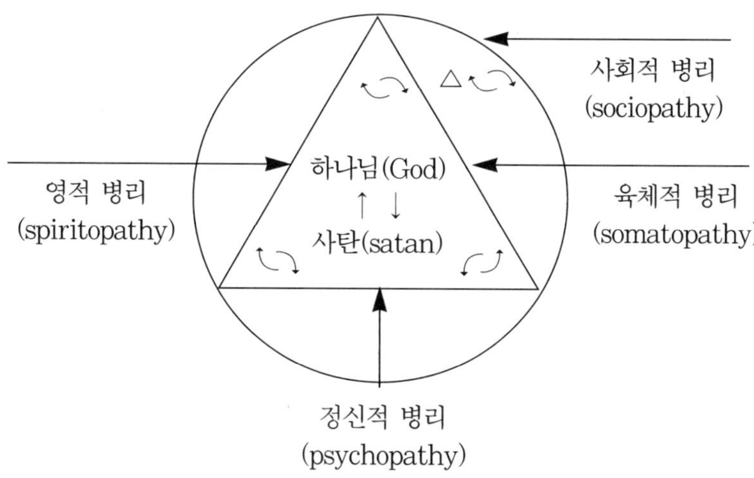

△ : 인간 병리(humanpathy)
↑↓ : 반작용(counteraction)
↺↻ : 상호작용(interrelationship)

〈그림 9〉 질병의 개념

요한복음 4:46 ; 5:3,6-7 ; 6:2 ; 11:1-3
사도행전 9:37
• 인격장애의 실례 : 디모데전서 6:4

3. 치유의 개념

치유란 육체적·정신적·영적·사회적 불균형의 질환 상태에서 균형적이며 구조와 기능에 있어 원상을 찾거나 원상이 아니더라도 생명의 유지에 온전함으로 회복되어지는 것을 말한다.

■ 참고
시편 6:2 ; 147:3
예레미야 17:14
마태복음 15:28
사도행전 9:34 ; 28:27
요한복음 12:40
히브리서 12:13
베드로전서 2:24
마가복음 5:23

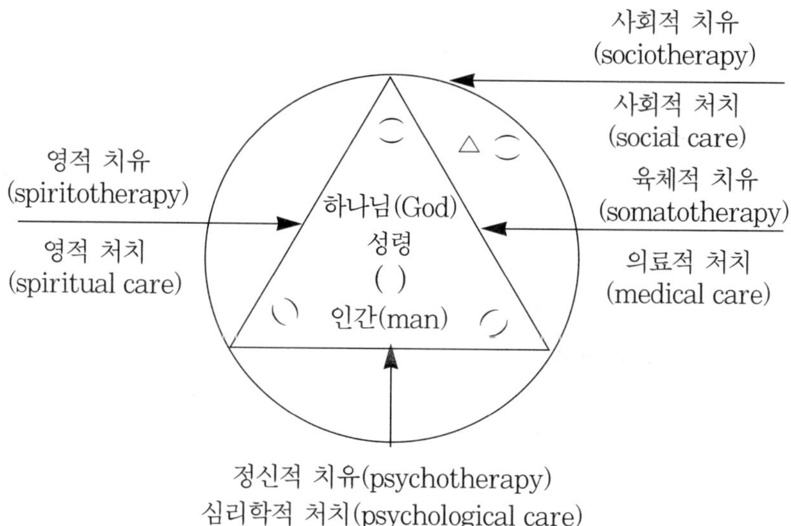

◠ with 함께 동행

〈그림 10〉 치유의 개념

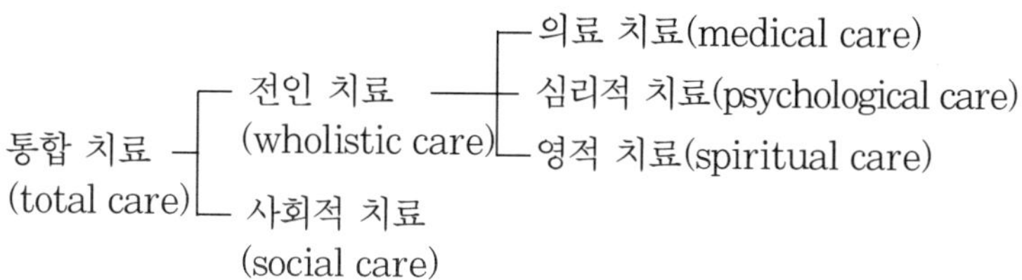

치유에 있어서 단순히 육체만 고친다면 질병으로부터 치유되어 병에서 회복된다 하더라도 결국 죽게 되는 것이 사필귀정이다. 즉 육의 치료는 한시적인 치료일 뿐이다. 온전한 건강은 새 땅과 새 하늘에 주어지는 영원한 곳에서만 유지할 수 있다.

■ 참고

히브리서 9:27

고린도후서 5:17

요한계시록 21:3-5

치유와 속죄의 관계

용서와 치유는 밀접한 관계가 있고 서로 함께 역사하게 된다(시편 103:3 ; 마태복음 9:1-9, 11:5 ; 역대하 7:14 ; 야고보서 5:15). 십자가 상의 속죄(atonement)의 결과로 인간과 하나님의 화목(harmony)을 이루었다. 그래서 치유에 앞서 하나님의 사유하심이 있어야 한다. 세상 율법(의술)에는 치유는 있으나 사유하심(죄 용서)이 없고 오직 재판관(의사)은 율법(의학) 안에서만 할 수 있을 뿐이다.

모든 정서적 상처, 즉 인격장애의 첫째 원인은 거부감(rejection)에 있다. 이것은 원치 않는다거나 사랑받지 못하는 데서 온다. 예수님은 십자가 상에서 우리의 인격장애를 담당하셨다(이사야 53:3 ; 마태복음 27:45-51).

Ⅷ. 인격장애의 치료 준비

인격장애를 일으키는 요소들

<table>
<tr><td>

1) 긍정적 요소로 가치관의 판단에 있어 자신과 주변, 대인관계, 국가, 민족, 사회, 세계와의 관계성에 있어 이 긍정적 요인(overestimation)들이 때때로 사회적 규약, 규범, 관행, 민족주의, 이념, 종족, 혈통 등과 같이 자기 이득만을 위해 쓰여질 때 장애를 일으키는 것이다.

과대평가, 학식, 지식, 지혜, 경험, 권력, 힘, 소속감, 동질성, 우월감, 경력, 인물, 키, 혈통, 인종, 만족도, 상속, 겸손, 교육, 생활수준, 가족애, 민족, 지역, 건강, 자기소신, 관행, 관습, 노력, 정치, 이념, 정의, 도덕, 생활습관, 친구, 개성, 계획, 장치, 사회구조 등등

외향적 인격장애를 일으킨다.

</td><td>

2) 부정적 요소로 가치관 판단의 부족으로 인하여 주변에 대해 반항적이거나 분리되려는 경향이 있어 관계성의 악화를 가져와 모든 일이 부정적 요인(underestimation)으로 작용하여 밖으로는 사회적 악영향을 미치고 자신에게는 내부적 인격장애를 일으켜 스스로 함정에 빠지게 된다.

과소평가, 불안, 초조, 미움, 갈등, 무소속감, 불신, 두려움, 공포, 불확실성, 막연함, 애매모호함, 교만, 무식, 질투, 투쟁, 경쟁심, 불만족, 가정파괴, 민족주의, 백호주의, 지역주의, 불순함, 사회악, 무계획, 획일성, 질병, 무식함, 경험부족, 고집, 무력감, 우상, 편집광 등등

내향적 인격장애를 일으킨다.

</td></tr>
</table>

위 내용을 읽어 보고 다음 장에 자신의 장애요소를 적어 보자.

지금부터 자신에게 잠재되어 있거나 나타나는 여러 가지 인격장애 요소들을 찾아내 보자.

주의

① 가능한 한 많이 쓰시오.

② 우선 먼저 생각나는 대로 조목조목 따지지 말고 쉽게 써 내려 가시오.

③ 한 번 호흡을 크게 쉬고 1~2분 묵상한 후에 자신의 장애요소를 가장 큰 것부터 하나씩 적어 내려 가시오.

④ 앞에 기록된 사항들을 참고하시오.

자가 진단적 장애 요소 찾아내기

긍정적 요소	부정적 요소
①	①
②	②
③	③
④	④
⑤	⑤
⑥	⑥
⑦	⑦
⑧	⑧
⑨	⑨
⑩	⑩
⑪	⑪
⑫	⑫
⋮	⋮
㉚	㉚

본인이 적은 장애요소를 다른 종이에 다시 적어 보면서 서로 연관 있는 것끼리 줄을 치시오(반대되거나 비슷한 것을 골라서).
　1번 예) 사랑 － 미움 (반대 요소끼리 중복)
　　　　　부지런함 － 게으름
　2번 예) 우월감 － 교만함 (같은 요소끼리 중복)
　　　　　학력부족 － 무식함
　예)

긍정적 요소	부정적 요소
① 사랑	① 미움
⋮	⋮
⑤ 우월감	⑦ 학력부족
⑥ 교만함	⑧ 무식함

　1번 예는 반대되는 요소들이기 때문에 한 개인에게 동시에 존립하는 것은 그 정서상 같은 무게로 같은 높이에 있을 수 없으니 자신에게 덜한 정서를 지우고 강한 정서를 남겨 두시오.

　예) "나는 남을 사랑하기보다는 아무래도 시기하고 질투하고 미워하는 경향이 더 많다" 하면 사랑을 지우고 미움을 남겨 두시오.

　2번 예는 서로 비슷한 정서이기 때문에 중복해서 기록할 필요가 없습니다. 보다 더 적절한 표현을 남겨 두거나 보다 더 집중적이고 관심이 있는 표현을 남겨 두시오.

　예) 학력부족 － 무식함
　이런 경우, 학력은 부족하지만 사회경험이 많고 독학을 많이 한 경우는 무식함을 지우고, 또 달리 자신이 본래 무식하다고 생각되면 학력부족을 지우시오.

　자! 이렇게 양쪽 50개 정도의 항목들을 정리해 보면 약 반 정도로 집약되는 경우가 많습니다. 너무 많이 남으면 덜 중요한 것은 삭제하고 20개 정도로 줄이시오. 여러분은 집약한 이 장애요소들을 먼저 염두에 두십시오.

　자! ①번에서 ⑳번까지 정리해 봅시다.

긍정적 요소	부정적 요소
①	①
②	②
③	③
④	④
⑤	⑤
⑥	⑥
⑦	⑦
⑧	⑧
⑨	⑨
⑩	⑩
⑪	⑪
⑫	⑫
⑬	⑬
⑭	⑭
⑮	⑮
⑯	⑯
⑰	⑰
⑱	⑱
⑲	⑲
⑳	⑳

당신이 실제적으로 인격의 문제를 느낄 때 위 항목을 기억하시오. 이 외 장애요소를 제거해도 좋습니다.

자! 이제 정리 작업에 들어갑니다.

1) ①~⑳번까지 자신에게 중요한 장애만을 골라 남기고 10개로 줄이시오.

2) 관련 성경 구절을 찾아 기록하십시오(구절을 그대로 적으시오).

예) 부부 사이의 불화

고린도후서 5:18 서로가 화목하는 직책을 주셨다

에베소서 5:22-25 복종과 사랑의 관계

3) 여러 개의 성경 구절이 나올 때는 마음에 와 닿는 것만 남겨 두시오.

예) 부부 문제의 해결 방법 중 화목과 복종 중 택일하십시오.

4) 10개의 장애에 해당되는 10개의 성경 구절을 외우십시오.

5) 눈에 띄는 곳에 붙여 두십시오.

6) 기도하십시오. 점차 시간이 지나면서 사랑과 평안으로 변화가 일어납니다.

인격장애 증상 찾아보기

① 인격성의 불안정 검사
② 인격성의 안정 검사

다음 아래 항목을 읽고 ①~④번 중 적절한 곳에 ○표를 하십시오.

① 매우 그렇다　　　　② 어느 정도 그렇다
③ 애매해서 모르겠다　　④ 그렇지 않다

인격성의 불안정 검사

번호	항 목	①	②	③	④
1	누구에게든지 화를 잘 낸다.				
2	어떤 누구를 보면 싫다.				
3	잠이 잘 오지 않는다.				
4	어떤 잘못된 생각이 쉽게 지워지지 않는다.				
5	한 번 당한 수치감은 상당 기간이 지나야 지워진다.				
6	부모님께 불만이 많다(형제 포함).				
7	마음을 터놓을 친구가 없다.				
8	학교, 직장, 가정 등 그 곳에 있기 싫다.				
9	나를 미워하는 사람이 많다.				
10	나를 이해해 주는 사람이 적다.				
11	거의 운동을 하지 않는다.				
12	몸의 건강에 대해 자주 걱정한다.				
13	무슨 일이든지 제대로 되는 일이 없다.				
14	내 몸에서 냄새가 난다.				
15	자신감이 없다.				
16	나는 장래 성공을 확신 못한다.				
17	성경책, 일반책 등 독서는 나와 무관하다.				
18	식욕이 없다.				
19	나는 멍청한 편이다.				
20	내 몸에 창피한 곳이 있다(몸 속).				
21	내 환경은 불행하다.				
22	나는 외형적 모습이 못생겼다.				
23	나는 항상 어려움이 많다.				
24	나는 어렸을 때 수치스런 일이 있었다.				
25	나는 마음으로나 혹은 육체적으로 간음을 많이 한다.				

26	나는 성실성과 근면성이 부족하다.				
27	이성을 보면 싫다(또는, 이성은 성적 쾌락의 대상에 불과하다).				
28	어린아이가 귀엽지 않다.				
29	나는 이해심이 적은 편이다.				
30	나는 이중 인격자이다.				
31	나는 내 양심과 신앙을 버릴 때가 많다.				
32	어른(옛날 사람)들을 보면 고리타분하고 구식인 것 같다.				
33	내 생각을 행위로 못 옮기는 때가 많다.				
34	죽음에 대해 두렵다.				
35	나를 해치려는 사람이 있다.				
36	나는 우울한 때가 많다.				
37	나는 한가지 일에 너무 골몰한다.				
38	나는 유머가 없다.				
39	잘되는 사람을 보면 싫다.				
40	나는 남에게 나를 꾸며서 자랑한다.				
41	나는 남에게 많이 속고 산다.				
42	어려운 일이 있으면 미리 포기한다.				
43	남과 말싸움할 때 절대 지려고 하지 않는다.				
44	우리가 사는 이 세계 현실은 문제가 많다.				
45	못된 사람은 싸워 없애야 한다.				
46	나는 문제가 생기면 스스로 해결하기보다 부모(형제)에게 부탁한다(반드시).				
47	나는 꼭 수단 방법을 안 가리고 성공해야 한다.				
48	나는 자존심이 약하다.				
49	나는 여러 명이 식사할 때 맛있는 것을 더 먹고 싶다.				
50	나는 귀신이 들려 있다.				

인격성의 안정 검사

번호	항 목	①	②	③	④
1	나는 대체적으로 이해심이 많은 편이다.				
2	나는 별로 친하지 않은 사람에게도 봉사를 하고 싶다.				
3	나는 내가 싫어하는 사람을 위해 희생하고 싶다.				
4	나의 생각은 다른 사람에 비해 현명한 편이다.				
5	어리석은 사람에 대해 가르칠 필요가 있다.				
6	판단력이 약한 사람의 의견은 대충 무시해도 좋다.				
7	내 주변의 사람들과 별 탈없이 지낸다.				
8	나의 가족은 나를 많이 의지한다.				
9	교회(혹은 중요한 어떤 모임)에서 대부분 내 생각과 일치되는 일들이 행해지고 있다.				
10	나는 지금보다 훨씬 발전할 필요가 있다.				
11	나의 주변은 지금보다 큰 변화가 필요하다.				
12	나는 별로 나쁜 꿈을 꾸지 않는다.				
13	나는 나의 과거에 대한 특별한 부끄러움이 없다.				
14	나의 미래는 상당히 희망적이다.				
15	나의 발전을 가로막는 큰 적은 내 자신이다.				
16	내가 잘되면 내 가족, 교회도 좋아질 것이다.				
17	나는 가능성이 적은 곳에서 성공하는 것이 나의 발전에 도움이 된다고 생각한다.				
18	나는 내 자신이 자랑스럽다.				
19	나의 부모는 나를 위해 많은 희생을 하셨다.				
20	나의 친구들은 비교적 많고, 나를 좋아한다.				

21	나는 나를 싫어하는 특정한 한 사람 때문에 고민하지는 않는다. 작은 일 때문에 큰일을 손해볼 수 없다.				
22	나는 과거, 현재, 미래가 계획대로 진행되고 있다.				
23	나는 학창시절(성적이 좋든지 나쁘든지)을 나름대로 열심히 지냈다.				
24	나는 한 번 시작한 일은 끝장을 본다.				
25	나는 모든 일에 완벽하고 남에게 빈틈을 보이고 싶지 않다.				
26	나는 때로는 낭만적인 시나 음악에 빠진다.				
27	자기 소신이 없는 사람을 보면 답답함보다 이해가 많이 간다.				
28	나는 음식을 별로 가리지 않고 잘 먹는다.				
29	나는 소화되는 데 별 지장이 없다.				
30	나는 건강에 대해 걱정을 하지 않는다.				
31	나를 가르친 많은 어른들이 내 인생에 영향을 주었다.				
32	성경(혹은 고전)의 의미가 나에게 너무나 잘 적용된다.				
33	잘난 체하는 사람은 항상 있기 마련이다. 그러나 나에게는 별로 중요치 않다.				
34	나는 내 자신의 편안함보다 남의 편안함을 원한다.				
35	나는 규칙적인 생활(식사, 수면 등)을 한다.				
36	나는 죽음에 대한 두려움이 없다.				
37	남에게 잘못한 일은 반드시 내 스스로가 사과를 해야 한다.				
38	지금 살고 있는 곳(집이든 지역이든)을 떠나고 싶지 않다.				

39	나는 현재 내가 존경하고픈 사람이 주변에 많다.				
40	나는 운동하기를 좋아한다 (구경을 좋아한다도 포함).				
41	나는 바쁘지만 조급하지는 않다.				
42	나는 맛있는 음식 먹기를 좋아한다. 그러나 남에게 먼저 양보한다.				
43	나는 활동하지 않고 집에 있으면 답답하다.				
44	나는 미남(미녀)이다.				
45	나는 부자이다.				
46	나는 좋은 아내(남편, 애인, 친구)를 두었다.				
47	나에게는 예술적 재능이 있다 (잠재력도 포함).				
48	나는 이 세상에 꼭 필요한 사람이 되고 싶다.				
49	나는 남에게 인정받고 싶다.				
50	예수님의 고난길에 동참하고 싶다.				

채점합시다

- 인격성의 안정검사와 불안정검사를 각각 채점한다.
- ①항은 1점, ②항은 2점, ③항은 3점, ④항은 4점으로 계산한다.
- 각 항목별 점수를 전부 합산한다.
- 안정성 검사는 100점 이하면 바람직하다.

※ 불안정성 검사는 100점 이상이면 바람직하다.

채점결과

① 채점결과는 절대 지표가 아니다. 작성시의 감정, 정서, 연

령, 계절 등의 영향에 의해 다소 차이가 날 수 있다.

② 채점결과가 절대 평가는 아니지만 불안정 점수가 100~170점에서 밖으로 벗어났거나 안정검사가 50~120점에서 밖으로 벗어났다면 자신을 재고하여 볼 필요가 있다.

③ 채점결과에 대한 평가는 대다수가 안전성 검사에서는 자신의 인격을 안정시키려는 경향이 커서 부정적 시각이나 선택을 피하려는 노력들이 강한 것으로 나타난다.

반면에 불안정감에 대해서는 대다수가 자기 확신이 약하고 단순히 자신을 겸허히 낮추려는 의도보다는 자신 속에 내재되어 있는 덜 수양된 자신의 모습이나 아니면 더 노력하여 보다 나은 조건의 인격에 오르려고 바라는 자세가 많다는 점이 나타난다.

④ 자신은 전반적으로 평범하고 도덕적이고 이성적이며 어느 정도는 사회규범에 잘 적응하는 인격을 지니고 있다고 생각하는 경우가 많지만 자신의 완전성에 대해서는 거의 모두가 미완성으로 생각하고 있다. 이 점은 오히려 인격향상을 지향하는 바람직한 준 인격상태로 앞서 말한 예수 그리스도의 온전한 인격을 좇아가려는, 하나님의 성품을 좇아가려는 인간의 온순한 자세(경외심)인 것도 사실이다.

⑤ 자신의 인격 수준으로 가이드나 카운슬러의 역할을 감당하는 것에 관해서는 다수가 무관심하거나 무지하다. 물론 전문 상담사역을 꿈꾸거나 실행하는 경우에는 예외가 있지만 많은 경우가 인격장애를 평범한 사람에게는 상관이 없고 어떤 특정한 사람에게만 나타나는 것으로 생각하기 때문에 겉으로 나타나는 괴팍스런 성격자나 정신장애자만을 찾게 된다. 이런 사람과의 상담에서 이미 자신과는 다른 특별한 상황에 처해 있는 사람이라는 선입관 때문에 실패를 보게 된다. 우선 자신 역시도 상담 대상자와 같은 장애적 요소들을 다분히 지니고 있음을 스스로나 상담 상대자에게 고백하여야 교제가 시작될 수 있다.

⑥ 채점점수가 완만한 경우, 역시 인격장애의 가능성은 희박하지만 자신의 성격이나 인격의 전반적인 모습을 멀리서 바라보는 전체적인 모습이기 때문에 가까이 다가가서 보면 전체적 모습에 비해 부분적으로는 심한 장애를 지니고 있음을 보게 된다. 예를 들면 훌륭한 대학교수가 지성인이요, 학자이며 교육자의 품성을 충분히 지니고 있지만 심한 의처증에 빠진 경우도 있다.

⑦ 인격장애에 관해서는 전반적이고 객관적이며 넓은 시각에서의 광의적인 분석도 필요하지만 시대적, 환경적, 정서적인 파악도 필요하다. 즉 종합적이면서도 분석적 시각이 필요하다.

⑧ 인격은 안정지향(安靜指向)보다 불안정지향의 강한 특징이 있다.

⑨ 인격은 주변환경과 자신의 조건에 의해 평가를 받기 때문에 자기 본연의 인격성보다 평가받는 것에 대한 인격성 포장에 치중되는 수도 있다.

⑩ 인격의 안정성 검사에 유익한 결과는 의미가 적고 불안정성 검사에 유익한 결과(100점 이상)가 좋은 인격의 자리 매김에 바람직스럽게 진행될 가능성이 많다.

Ⅸ. 인격장애의 치유 (魂의 治癒)

"상심(傷心 : brokenhearted)한 자를 고치시며 저희 상처를 싸매시는도다"(시편 147:3).

"주 여호와의 신이 내게 임하셨으니 이는 여호와께서 내게 기름을 부으사 가난한 자에게 아름다운 소식을 전하게 하려 하심이라 나를 보내사 마음 상한 자를 고치며 포로 된 자에게 자유를 갇힌 자에게 놓임을 전파하며"(이사야 61:1).

인격장애의 치유는 내적 치유(inner healing), 혹은 기억의 치유, 상한 마음의 치유라 부른다.

인격 치유의 핵심 포인트

(1) 하나님의 말씀으로 감동되어야 한다.

(2) 하나님의 말씀에 의지 변화가 있어야 한다.

(3) 말씀의 반복으로 모든 지식에 변화가 일어나야 한다.

(4) 최종적으로 지·정·의가 통합 치유되어야 한다.

(5) 인격의 치유는 일시적, 일회적이 아니고 점증적이며 지속적 치료과정을 밟는다.

(6) 인격(혼)의 치유는 육체와 영과의 관계 때문에 인격이 독자적으로 치유가 일어나기도 하지만 만약 영이 병 들면 혼이 장애를 일으키게 되는데 영적 질병이 치료되지 못하고는 이에 영향을 받은 혼은 회복될 수 없다. 육체적 질병도 혼과 관련이 있기 때문에

혼이 치유되면 육체도 건강을 되찾게 된다.

(7) 혼의 장애는 외견상 보이지 않기 때문에 타인의 위로를 받기가 어렵다. 뼈가 부러진 것 같은 육체의 병은 쉽게 위로받지만 미움받는 자의 인격장애는 위로받기가 힘들다.

(8) 흔히 육체적 장애가 많아 보이지만 인격의 장애는 육체의 장애보다 그 발생빈도가 훨씬 많고 치유의 과정도 눈에 보이기 어렵고 완치에도 어려움이 있으며 후유증도 길고 많다.

(9) 혼의 인격장애는 외견상 잘못 인식하면 흔히 "귀신 들렸다" 하여 영적 장애로 오해받기 쉽다. 영적 장애의 극단적인 피해의식이 혼의 정서나 인격적 위치를 무시해 버리고 '영과 육'이라는 극단적 양분을 통해 혼을 무시한 결과이다. 흔히 교회에서는 영은 거룩하며 육은 타락되었다고 하여 정서, 감정, 느낌과 같은 혼은 그 인식의 자리가 없어지고 말았다.

(10) 인격의 장애는 혼자 독자적인 피해에서 오는 수도 있지만 대다수가 관계장애와 과거에 노출된 경험의 상처, 성장과정의 억압 등에 의하기 때문에 관계의 회복과 과거에 대한 위로와 치료가 없이는 정상화될 수 없다.

(11) 인격의 장애는 육체적 질병으로 와전, 변형되어질 수 있다. 즉 인격의 장애로부터의 그 원인을 추적하지 못하면 진단의 실수를 하게 된다. 예를 들면 두통, 현기증, 소화불량, 손발 저림, 마비, 졸도 등과 같은 증상이 빈혈, 위염, 순환기 장애, 정신병, 동맥경화증이라는 육체적 병명으로 진단됨으로써 인격과는 전혀 관련 없는 것으로 보여질 수 있다. 그러나 그 깊은 인격의 심연을 추적해 보면 미움이라는 장기간의 스트레스가 위염과 동맥경화증을 일으킬 수도 있는 것이다.

(12) 정신병과 인격의 장애는 비슷한 점이 많지만 엄밀히 보아 차이점이 있다. 심각한 정신과 질병에 인격장애가 전구단계라는 점에서는 비슷하고 과정에 속하기도 한다. 그러나 관계성의 악화

나 환경적 영향에 의해 오는 요인이 있지만 인격장애는 다분히 정서적이며 감수성을 포함하지만 정신질환은 정서나 감수성의 영향은 배제되거나 약하다.

예를 들면 죄 의식, 우울증, 불면증, 무기력감, 열등감, 두려움 등과 같은 증상들이 신경쇠약증, 조증, 울증, 신경과민증, 과대망상증 등과 같은 정신과적 진단으로 내려져 인격과는 관련 없이 정신과적 치료를 요청받게 된다. 하지만 인격의 손상과 마음의 상처는 위로와 회복 없이는 근원적 치료기 불가능하다.

(13) 정신과적 질병의 경우 환자 자신이 의사에게 당연히 치료를 요청하지만, 인격장애의 경우 자신의 '병 없음'에 대해 확신하고 자신에게 인격의 이상이 있다는 점을 쉽사리 인정하지 않기 때문에 상담자나 치유자의 접근이나 역할을 받아들이지 않아 회복의 어려움이 있다. 이 점에서 상담자는 자신의 상담 능력이 아니라 하나님의 말씀을 대언하는 자로서 후견인 자리에 있어야 한다.

(14) 인격의 장애는 그 사람의 마음 상태에 지식, 연령, 학식, 성별, 지역, 가족, 국가, 신체, 체형 등과 같은 다분히 많은 주변 여건과의 부조화에 의해 형성된다. 치유 역시 이 여건을 통해 이루어져야 한다.

예를 들면 학력이 초등학교 졸업인 사람에게 당신은 초등학교 졸업자이지만 대졸자들 이상으로 학력이 높다는 거짓말 같은 위로는 오히려 장애를 악화시킨다. 중요한 것은 있는 사실을 솔직히 시인, 인정해야 개선될 준비가 된다는 것이다.

(15) 한 번 치유받은 장애는 되돌아 의심하지 말아야 한다. 내가 누구를 미워하다가 용서했다면 내가 혹시 아직도 미워하는가 하고 의심하지 말아야 한다. 단계적으로 치료받은 인격장애의 경우 다시 나빠질 수 있는 것은 당연하다. 그러나 나빠지는 것은 필연이 아니고 자기 불확신에서 출발하는 것이니 자신감이 필요하다.

(16) 하나님의 말씀의 원리에 의해서만 치유받아야 한다. 하나님의 말씀 원리의 적응에 있어 애정과 관심이 필요하며 기도로 이를 충만케 해야 한다.

(17) 장애자는 스스로를 낮추며 솔직함과 하나님을 향한 구원과 사랑이 충족된 후에야 치료의 단계에 들어갈 수 있다.

"그리스도 예수 안에서 너희 마음과 생각을 지키시리라"(will guard your hearts and your minds in Christ Jesus)(빌립보서 4:7).

증 상

대표적 증예
(1) 상황보다 더 강한 정서 반응을 보인다.
예 : 예쁘다고 칭찬하면 나를 야유하느냐고 화를 낸다.
(2) 자기 고집이 세고 의심이 많다.
예 : 상대방의 농담을 적대감을 가지고 방어하려 한다.
(3) 지나치게 냉정하고 감정표현이 없다.
예 : 친절히 대해도 고마워하지 않으며 그렇다고 자신의 일에 대해서도 충실하지 못하다.
(4) 항상 괴로워하고 고통 중에 있어 보인다.
예 : 세상 괴로움을 다 지고 위로해도 받아들이지 않고 고통의 지속에서 벗어나려는 노력도 없다.
(5) 괴이하고 특별한 일만을 좋아한다.
예 : 신비술, 마술, 망상, 비정상적인 종교행위 등을 좋아한다.

(6) 허영심과 자기 과시를 많이 한다.

예 : 실제적으로 성공한 경우가 아닌데도 자기 자랑을 하며 아주 하찮은 옷가지를 가지고도 자랑을 한다.

(7) 모든 생각이나 일을 자기 중심적으로만 한다.

예 : 남의 이야기를 전혀 들으려 하지도 않고 자기 주장만 한다.

(8) 절친한 친구가 하나도 없다.

예 : 친구를 오래 사귀지 못하고 처음에는 매우 잘하다가도 끝내 싸운다.

(9) 남에게 많은 칭찬받기를 좋아한다.

예 : 어떤 사람에게 작은 구제를 하였는데 모든 사람에게 알리고 곧바로 자기를 칭찬하고 세워 주길 원하고 그렇지 않으면 모든 사람을 욕한다.

(10) 사회와 세계를 파괴한다.

예 : 히틀러, 네로 황제, 연산군, 지존파, 테러리스트 등.

(11) 걱정, 근심, 불안 속에 산다.

예 : 건강 염려증, 괜히 지진·폭동·교통사고 등을 미리 걱정함, 선과 악을 너무 구분한다.

(12) 아무와도 만나지 않고 혼자만 있는다.

예 : 남과 대화하거나 얼굴 대하는 것도 싫어하고 골방에서 숨어 산다.

(13) 비도덕적 집단에 우월감을 갖는다.

예 : 이즈메나 깡패집단에 자신을 복종시키고 도덕성보다도 집단의 규율을 중요시한다.

(14) 엄격하고 완고하며 까다롭다.

예 : 자신만이 도덕적이고 사회적 모범이라고 자칭하고 타인의 부정과 불순을 공박하고 비판한다.

(15) 분명히 잘못된 판단인데도 실천한다.

예 : 타인은 물론 자신도 잘못된 것으로 여기지만 잘못을 시인도 안 하고 오히려 비능률적으로라도 합리화시키고 스스로 자멸한다.

(16) 자살과 자포자기를 한다(꿈꾸거나 시도만 한다).

예 : 인생에 대한 허무와 비관으로 생존의 무의미를 호소한다. 그러나 자살의 실천은 없다.

(17) 지나친 열등감과 자기 비하에 빠져 있다.

예 : 자신이 없고 운동도 하지 않고 일도 하지 않으며 생각도 하지 않는다.

(18) 가족과 친구를 미워한다.

예 : 불우한 가정환경을 탓하고 나보다 출세한 친구, 예쁜 친구를 미워한다.

병리적 이유

인격장애의 발생 원인은 각 개인에게 특별하며 개성적이며 다양하여 일괄적으로 설명하기는 어렵다. 그러나 대략 정리하여 보면,

(1) 자신이 감수할 수 없는 감정적 충격을 받았을 때

예 : 사별, 이혼, 질병, 명예 실추 등

(2) 부정적인 환경의 장기적 스트레스를 받았을 때

예 : 전쟁, 갈등, 미움을 당함, 잔인함, 살인 등

(3) 자기 설정과 목표에 도달하지 못했을 때

예 : 실직, 사업 실패, 건강관리 실패, 학습저하, 죄의식 등

(4) 어릴 때 마음의 상처를 당했을 때

예 : 어린 시절의 감정, 정서의 상처는 잠재의식에 깊이 뿌리박

는다. 조실부모, 교통사고, 수치감, 미취학, 바보 취급 당함 등.

치료의 절대원리

"말씀(logos)이 역사하소서."

"나의 영혼이 눌림을 인하여 녹사오니 주의 말씀대로 나를 세우소서"(시편 119:28).

"태초에 말씀이 계시니라 이 말씀이 하나님과 함께 계셨으니 이 말씀은 곧 하나님이시니라"(요한복음 1:1).

"In the being was the Word, and the Word was with God, and the Word was God, He was with God in the begining"(John 1:1).

"말씀이 육신이 되어 우리 가운데 거하시매 우리가 그 영광을 보니 아버지의 독생자의 영광이요 은혜와 진리가 충만하더라"(요한복음 1:14).

주지 사항

(1) 말씀이 심기어질 때(the Word planted : 야고보서 1:21) 치료가 역사한다.

(2) 인격장애 치료의 대원칙은 반드시 상한 자의 인격 속에 말씀이 들리고 감동을 주어 그 인격 속에 뿌리박힘으로써 고침의 변화가 동기화(motive)되는 것이다.

(3) "예수 그리스도는 어제나 오늘이나 영원토록 동일하시니라"(히브리서 13:8).

과거 아픈 상처의 회상 속에서도 하나님이 계셨던 것과 같이 그 과거의 줄이 현재에도 관여하여 주신다. 현재에서 미래로 악화를 계속 유지시키는 장애들을 과거와 현재, 미래의 인생을 통치하시고 간섭하시는 말씀이 관여하시고 고쳐 주신다.

(4) 성경말씀 속에는 반드시 장애자에게 필요한 구절이 있고 이것이 또한 회복의 치료제가 된다. 성경은 하나님의 감동으로 쓰여졌고 그 감동은 그 형상대로 지어진 인간의 감동에 동일하게 역사하며 교훈과 책망과 바르게 함과 의로 교육하기에 유익한 양약인 것이다(디모데후서 3:16).

(5) 인격의 심연은 언제나 말씀을 사모한다(시편 119:162).

인격은 하나님의 말씀을 먹고 즐거워하게 되어 있다. 세상적인 재미와 상처와 고통으로 인해 변질된 인격의 장애는 하나님의 말씀을 사모하여 그 말씀을 탈취함으로 극복되고 심령이 즐거워하게 된다.

(6) 하나님은 인격의 모든 곳을 알고 판단하시고 고쳐 주신다(시편 139:1-10).

하나님은 생각과 행동, 언어뿐만 아니라 하나님을 멀리 떠나려는 인간의 타락성까지도 그의 자비와 사랑으로 타락된 장애를 끝내 지켜 주시고 되돌려 주신다.

(7) 하나님의 절대 선택으로 인격을 지으시고 보존하신다(시편 139:15-16).

인생의 과정 중에 장애는 잠시일 뿐 하나님은 비밀한 계획과 영원한 보호하심으로, 당신의 뜻대로 기록하신 대로 우리를 회복시키신다.

쉽게 생각해 고통이나 괴로움, 외로움, 미움, 갈등과 같은 인격 장애들은 사랑과 관심, 충고, 조언 등을 통해 고쳐질 것으로 생각하기 쉽다. 물론 사랑과 관심 같은 것이 장애자와 교제하는 데 기본 성품으로 재료가 되어야 되지만 이것은 치료제가 아니라 관계성의 호전일 뿐임을 먼저 알아야 된다.

하나님의 본성은 사랑이시기 때문에 기초(basement)가 준비되어야 하는 것은 당연하다. 그러나 인간적인 노력은 그 한계가 있고 오직 하나님의 사랑만이 필요하다. 그러나 인격장애는 각자 개별화되어 있고 상황의 시작과 진행이 구체적이고 다양하기 때문에 피상적인 하나님의 모습으로는 위로는 될지언정 온전한 회복을 이루기는 미약한 것이다.

구체적인 말씀의 적용이 필요하다

때문에 치료받는 자 역시 말씀에 대해 관심을 가지고 하나님의 사랑과 구원과 영생에 대해 확신해야 한다. 상담자의 경우도 마찬가지로 구원의 확신이 전제되어야 될 뿐 아니라 장애자를 위해 사전에 말씀을 준비해야 한다. 상담 중 시기 적절히 필요한 영성훈련을 통해 준비된 말씀을 활용해야 한다(application).

"내 혼을 살게 하소서"(시편 119:175).

말씀이란 장애자에게 필요한 구절이 적용되어야지 전혀 관계없는 말씀은 혼돈을 일으킬 수 있다. 따라서 상담자는 사명자이어야 하고 하나님에게 반드시 응답과 확신으로 자신의 부족한 상담능력, 사랑과 자비의 부족, 말씀의 부족을 깨달아 많은 공부를 해야 한다.

"상심한 자를 고치시며 저희 상처를 싸매시는도다"(시편 147:3).

상심한 자(brokenhearted)의 마음, 그 인격을 치료하시는 하나님(He heals)이시다. 여기서 상한 심장이란 곧 인격장애를 말한다. 과학적·의학적·해부학적 구조에서 볼 때 심장이란 피를 펌프하는 단순한 모터의 기능만 가진 것으로 보여지지만 동양적 사고(성경은 다분히 동양적 사고로 구조보다도 기능을 중요시하는 현상적·증후적 시각을 갖고 있다)로 볼 때 사고와 스트레스, 고통 등을 뇌의 기능에 두지 않고 심장에 둔 것은 넓은 의미의 인체의 통일성, 즉 영·육·혼이 통일적으로 상호 작용되는 전체성에서 마음의 상처를 심장의 상처라고 했던 것이다.

치료의 방식

(1) 장애의 각 목록을 작성해 놓을 것.

인격장애의 여러 가지 다양한 항목들을 정리하여 관련 성경구절을 조사해 놓아야 한다. 심방시에 관련성구, 찬송가를 미리 준비해 가는 자세면 된다.

예 : 출생 — 수태 못한 자, 518장
　　　　　　창세기 25:21 ; 누가복음 23:29
　　연단, 환란 — 460장
　　　　　　로마서 5:1-5 ; 고린도후서 1:3-11
　　회개 — 264장
　　　　　　마태복음 3:8, 4:17, 9:13 ; 누가복음 15:7
　　미움 — 361장
　　　　　　마태복음 5:23-24 ; 갈라디아서 5:14-15 ;
　　　　　　에베소서 4:25-27

(2) 더러운 영은 예수님 이름으로 묶고 쫓아낸다. 그리고 새로운 마음(인격)을 주시길 기도한다. 귀신 들림 같은 영의 혼미나 육체의 질병이 혼의 장애와 상호 영향을 미치기 때문에 혼의 장애, 즉 인격의 장애만을 인식할 것이 아니고 전인적인 상태를 진단할 필요가 있다. 인격의 치유는 영과 육도 치료되어야 하며 이로써 영·혼·육이 건강해짐을 알아야 한다.

(3) 과거의 기억을 예수님의 도움으로 재조명하고 재해석하여야 한다(시편 119:67-77).

"너희가 서로 거짓말을 말라 옛 사람과 그 행위를 벗어버리고 새 사람을 입었으니 이는 자기를 창조하신 자의 형상을 좇아 지식에까지 새롭게 하심을 받는 자니라"(골로새서 3:9-10).

"Do not lie to each other, since you have taken off your old self with its practices and have put on the new self, which is being renewed in knowledge in image of its Creator"(Colossians 3:9-10).

우리 모두에게 있어 과거의 아픈 상처나 기억들은 전혀 생각이 나지 않거나 어렴풋하거나 혹은 생생한 기억들이 생각날수록 그 상태가 괴로워 회상하고 싶지 않거나 지워 버리고 싶어지고 하는 모든 과거로부터의 인격 손상들이 있다.

이것을 적당히 변명하거나 합당화시켜서는 안 된다. 왜냐하면 그 과거의 상처가 자신을 오랫동안 괴롭히기 때문에 이로부터 벗어나고파 하는 욕구가 생겨나고 어린 시절이나 과거의 상태가 어쩔 수 없었다거나 그럴 수도 있었지 하는 식으로 넘기고 만다.

이는 자기 기만이다. 상담자의 경우에도 확실한 원인 규명이나 장애를 뽑아 내지 않고 적당히 위안을 주려는 것은 서로가 거짓말을 하는 것이다. 오히려 장애를 잠복시키게 된다. 반드시 옛 사람

(old self)과 그 행위의 장애 원인을 찾아내어 죄성을 밝히고 자기를 창조하신 자의 형상(하나님의 인격성 : the image of its Creator)을 좇아 지식에까지 새롭게 하심(being renewed in knowledge)을 받아야 한다. 따라서 장애자 자신이나 상담자는 그의 과거에 있어 상처의 요소들을 찾아내어 고백하며 하나님의 말씀(인격성)으로 새롭게 변화되어야 한다.

과거로부터의 장애 요소들은 다음과 같다.
　가. 조상에 관한 점
　　　(신앙의 유산, 집안, 가계 관련 문제, 우상 섬김,
　　　부도덕 등)
　나. 태아에 관한 점
　　　(산모의 신앙, 영적·정신적·육체적 상태 등)
　다. 출생에 관한 점
　　　(정상분만 여부, 유전적 질환, 환경, 어머니의 정서 등)
　라. 영·유아시기에 관련된 것
　　　(환경, 교육, 영양 상태, 부모형제간의 갈등 등)
　마. 학동기에 관련된 것
　　　(학교, 교우, 선생님 관계, 학업능력, 체력 등)
　바. 사춘기에 관련된 것
　　　(신체적·정신적·성적 장애, 자기 정체성 미확립 등)
　사. 청년기에 관련된 것
　　　(이성, 결혼, 학업, 취업, 인생, 고립 등)
　아. 결혼생활에 관련된 것
　　　(불화, 이혼, 별거, 갈등, 불임증, 성기능 장애 등)
　자. 장년기에 관련된 것
　　　(자기 성취 불만, 질병, 무직, 부부 사별 등)
　차. 노년기에 관련된 것

(노화, 무능력, 무시당함, 죽음의 두려움, 소외감 등)

(4) 신비술, 최면술, 명상, 이방종교 등과 같은 시술방법을 절대 경계할 것.

(5) "무엇이든지 잘만 되면 좋다"고 가르치고 고쳐 주는 듯한 인본주의, 자유주의, 심리학을 절대 경계할 것.

(6) 항상 성경말씀과 예수님께 초점을 둘 것(누가복음 24:45 — opened their mind).

(7) 인격장애의 회복은 일회적, 일시적이 아니고 점진적 과정임을 알아야 한다.

'미움'이라는 인격장애가 있을 경우 어떤 한 사람을 사랑으로 받아들이기 위해서는 그 미움의 원인을 파악(진단)하고 대상과 미움의 모양(증상)을 풀어 보고 말씀을 적용시켜(치료) 회복시켜야 된다.

diagnosis → syndrome → healing

과거의 상처를 아주 없애 버리는 것이 아니라 상처를 싸매어 주고 씻어 주는 과정으로 비록 상처의 흉터는 남아 있지만 그 장애는 점차 나아져 간다. 흉터와 장애를 동일시해서는 안 된다.

"뒤에 있는 것은 잊어버리고 앞에 있는 것을 잡으려고"(빌립보서 3:13).

(8) 성경 속에 역사하는 성령님의 음성을 들어라.

장애자나 상담자의 마음에 부딪히고 와 닿는 구절을 반복 묵상하고 기도함으로 장애를 찾고 위로받는다.

(9) 성령님께 순복할 것.

모든 것을 회개하고 경건하며 영혼이 순결해질 때 말씀과 기도를 통해 하나님이 치료하심을 믿고 확신할 것.

(10) 성령님을 의지할 것.

하나님이 창조주이시며 천지만물을 주관하시며 치료자이시기 때문에 오직 하나님만이 장애를 고치심을 확신하고 의뢰할 것.

(11) 치료시는 고통이 따른다.

인격장애 역시 그 상처를 도려낼 때(극복할 때) 치료의 고통이 따른다. 치료를 위해서는 진단과 수술이 필요하므로 이 때 고통이 반드시 따르고 이 고통을 감수함으로 즐거움에 참여할 수 있다.

(12) 치료 후에 의심하지 말 것.

인격의 치료는 육체의 치료와 같이 눈에 보이는 완치나 구원에 참여하게 되는 영의 회복과는 달리 조금씩 변화되거나 변화되기 힘든 과정이기 때문에 고침에 대한 점증적 확신이 약하게 느껴질 수 있다. 그러나 말씀이 꼭 역사하고 운동력이 있어 고쳐졌다는 것을 확신하여야 한다.

(13) 치료 후 후유증이 당분간 남아 있다.

장애는 다양성과 복잡성으로 뒤섞여 있기 때문에 하나씩 말씀으로 변화되어 간다 할지라도 세상 속에 살다 보면 다시 재발될 수도 있고(재발시 회복은 전보다 빠르다) 후유증이 존재할 수도 있다. 마치 팔이 골절된 환자가 뼈가 붙은 후에 아직 팔이 약하기 때문에 골절될 우려가 많은 것과 같다. 이와 같이 인격의 장애 역시 후유증이 남을 수 있고 완전 회복까지는 그 시기를 기다려야 된다.

(14) 끝까지 하나님과 말씀을 의뢰할 것.

장애자는 대다수 인내심과 끈기가 약하고 장기간의 치료에 쉽게 낙심할 수 있기 때문에 인내를 가지고 견디어 나갈 것을 주지시켜야 한다.

전문사역자의 자세

믿음이 있어야 치유되고 상담자(제자들)는 말씀을 청해야만 한다.

"예수는 한 말씀도 대답지 아니하시니 제자들이 와서 청하여 말하되 그 여자가 우리 뒤에서 소리를 지르오니 보내소서"(마태복음 15:23).

가나안 여인 하나가 흉악한 귀신 들린 자기 딸을 데리고 와 소리 질러 고쳐 달라 하나 예수님께서는 한 말씀도 아니하셨다(Jesus do not answer a word). 이는 그 믿음을 보고자 함이다. 이에 제자늘(상남사)이 청히여 말하였다(So his disciples came to him and urged him).

먼저 인격의 장애자에게 믿음이 들어가야 되며 이를 위해 상담자는 복음을 우선 전하고 구원의 확신과 치유의 확신을 갖도록 도와야 한다. 이미 구원받은 장애자의 경우 치유는 훨씬 쉽다. 일차적 구원 사역이 해결되었기 때문이다.

상담자는 예수의 제자(중개자)로서 치유자는 자신이 아닌 예수님임을 명심하고 동역자로 내가 고친다는 교만을 피해야 한다. 오로지 예수님께 간청하여 말씀이 역사하시도록 도와 고침받도록 해야 한다.

(1) 가능한 한 상담자는 상담시 몸과 의복을 단정히 하고 특별하거나 요란해서는 안 된다.

(2) 기도로 주의 성전 된 몸과 영혼을 깨끗이 준비해야 한다.

(3) 치유는 하나님께서 하시니 결과를 하나님께 맡겨라(에베소서 6:18).

(4) 장애자나 상담자가 하나님의 역사에 대한 확신이나 기도, 상담의 준비가 미비할 때는 준비가 될 때까지 기다리고 서둘러서는 안 된다.

(5) 상담자는 치료자는 자신이 아니고 하나님임을 항상 되새겨야 한다.

(6) 기도의 동역자나 팀을 가지고 상담하는 것이 더 좋다(로마서 12:7-8).

(7) 감정적으로 혹은 지나친 이성적 사고방식으로 기도나 상담을 하기보다는 말씀의 기초 위에 가능한 한 말씀에서 벗어나지 않게 상담해야 된다.

(8) 가능한 한 남자는 남자를, 여성은 여성을 상담하는 것이 바람직하다.

(9) 극심한 장애의 경우 크리스천 의사에게 상담, 의뢰하거나 목사와 협의해야 한다.

(10) 항상 상담자나 장애자는 예속된 가족, 교회와 소속 목회자에게 영적 보호함을 받아야 된다(고린도전서 12:25-26).

어떻게 기도할 것인가?

(1) 예수님의 이름을 충만히 고백할 것.

(2) 성실하게 기도하되 중언부언 말 것.

(3) 가능한 대로 조목조목 구체적으로 기도할 것.

(4) 지나친 동정심을 피하고 하나님의 위로하심을 확인시킬 것.

(5) 감정적으로 민감하게 접근하며 장애자의 정서를 염두에 두고 기도할 것(나이, 직업, 성별 등).

(6) 꿈을 갖도록, 미래를 긍적적으로 보도록 기도하며 믿음을 주고 격려할 것.

(7) 매임을 풀고 자유로워지도록 할 것.

(8) 하나님의 말씀을 많이 인용하여 기도할 것.

(9) 장애자에게 하나님께 진정과 신령으로 산 제사를 드려야 된다고 기도할 것(로마서 12:1).

(10) 하나님은 사랑이시라는 대전제를 명시할 것.

(11) 상담 후 하나님께 모든 영광을 돌릴 것을 약속 기도할 것.

(12) 억지가 아닌 기쁨으로 충만하라.

주의사항

(1) 죄 의식, 정죄 의식을 주지 말 것.
(2) 다른 사람에게 이야기하지 말 것.
(3) 공개적으로 기도하지 말 것.
(4) 큰소리나 방언기도는 주의할 것(고린도전서 14:14).
(5) 때때로 강경한 기도나 자세를 하나님이 요청할 때 두려워 말 것.
(6) 손을 머리에 얹고 기도하지 말 것.
(7) "왜 믿음이 자라지 않느냐"고 탓하지 말 것.
(8) 모든 원인을 '귀신 들림'으로 돌리지 말 것.
(9) 너무 많은 충고를 말고 스스로 깨달을 수 있도록 기다려 볼 것.
(10) 분명한 하나님의 말씀이 아니면 예언하지 말 것.
(11) 장애자가 장애원인을 찾는 시간이 지체되더라고 서두르거나 다그치지 말 것.
(12) 시작과 끝을 확실히 할 것.
(13) 지나친 갈증, 배고픔은 피할 것.
(14) 대소변을 미리 보아둘 것.
(15) 어떤 자세로 상담할 것인가 미리 정할 것. 편안해야 된다.
(16) 가능한 한 시간을 미리 정해 두는 것이 좋다.

치유의 과정

(1) 예수님의 이름으로 모든 더러운 영들을 쫓아낸다(에베소서 6:12).

(2) 상처 받은 기억을 찾고 상담 후 기도한다.

'용서'는 치유의 핵심이다. 장애자에게 자신에게 상처를 준 사람을 용서하고 그를 위해 기도하며 그 역시도 장애자이니 치유해 달라고 기도할 것을 권하고 이 용서와 치유를 예수님 이름으로 고백하게 해야 한다.

(3) 성령 세례(침례)에 대해 이야기해 주고 하나님의 위로와 치료를 확신케 할 것.

(4) 은사를 사모하도록 권면한다.

(5) 기름 바르고 기도한다(야고보서 5:14).

(6) 영적 전쟁에 관해 이야기해 준다(베드로전서 5:8-9 ; 고린도후서 3:17 ; 요한복음 8:36).

(7) 상담과 기도 후에 설명해 줄 일들. 앞서 말한 것들을 요약하여

① 대화와 기도 내용에 대해 비밀을 보장할 것을 확신시켜 준다.

② 과거의 상처는 일시적이 아니라 점증적으로 회복됨을 재확인해 준다.

③ 인격장애의 치료는 후유증과 회복기가 있음을 알려 준다.

④ 하나님의 말씀을 묵상하면서 휴식을 권한다.

⑤ 하나님은 당신을 귀하게 여기신다는 확신을 준다.

치유받음의 유지

(1) 쉬지 말고 기도하라.

(2) 성경을 규칙적으로 읽어라.

(3) 찬송가와 관련된 서적을 읽게 하라.

(4) 신앙의 생활적응을 예를 들어 가르칠 것.

(5) 주변환경 분위기를 기독교적으로 할 것(비디오, 사진, 음

악, 표구 등).

　　(6) 항상 예수 권세로 사탄에 대항하도록 한다.

　　(7) 성령 충만한 사람들과 교제한다.

　　(8) 기도의 동역자를 만들라.

　　(9) 하나님이 장애를 고치심을 변질시키지 말라(히브리서 4:2).

　　(10) 계속해서 남을 용서하고 회복함을 받아라.

　　(11) 규칙적 예배와 성찬식에 참여하라.

　　(12) 상처받은 다른 이를 도우라.

　　(13) 고상한 말을 골라 한다(디모데후서 2:16).

　　(14) 감정을 순화시키고 말씀을 암송할 것.

　　(15) 옛 장애를 기록, 정리하고 개선책을 마련하여 시행할 것
(화냄, 오해 등).

　　(16) 장애요소를 제거한다(TV, 음란서적 등).

　　(17) 은혜를 시행(성경통독, 주일성수, 운동, 은사, QT 등).

치유의 확정

　치유를 받은 후에 불확실과 의심, 나쁜 기억의 재생 등으로 혹
은 영적 혼돈 등에 의해 고침을 놓칠 수도 있다. 또한 때로는 빠르
게 치유되지 않고 더디게 변화되어 조바심 때문에 치유된 과정이
원상태로 되돌아가는 경우도 있다.

순종해야 한다(출애굽기 15:26)

　육신의 병을 고칠 때도 의사의 말에 순종하듯이 하나님의 말씀

에 순종하고 믿고 따를 때 치유하심이 지속된다.

고백되어야 한다

하나님은 당신을 치유의 도구로 삼으신다(시편 107:20 "그 말씀을 보내어 〈He sent forth his word〉 저희를 고치사 〈healed them)").

하나님의 말씀은 믿음을 주시고(로마서 10:17), 영과 생명이 되신다(요한복음 6:63).

고백이란 "하나님의 말씀과 장애자가 일치되려 한다, 된다"이다. 입으로 시인하고 마음에 믿으면 구원(온전함)을 이룬다.

치유확정의 단계적 분류

우리의 필요 (need)	하나님의 공급 (provision)
바 람 (desire)	약속되었으나 가능성만 있다 (promised but only potential).
믿 음 (faith)	사실이지만 아직 잠재적이다 (real but latent).
고 백 (confession)	사실이지만 실재적이다 (real and actual).

X. 인격장애의 치료에 대한 실습

상담자적 자세에서

자! 한번 해 봅시다.

"그리스도의 말씀이 너희 속에 풍성히 거하여 모든 지혜로 피차 가르치며 권면하고 시와 찬미와 신령한 노래를 부르며 마음에 감사함으로 하나님을 찬양하고"(골로새서 3:16).

"Let the word of Christ dwell in you richly as you teach and admonish one another with all wisdom, and you sings psalms, hymns and spiritual songs with gratitude in your hearts to God"(Colossians 3:16).

제1단계 – 인사 및 교제 (friendship)

장애자에 대한 관심과 애정을 표해야 되고 상담자의 겸손한 자기 소개와 장애자 주변 환경의 인식에 대한 공감대를 형성하여야 한다. 처음에는 하나님이나 성경을 지나치게 강조하지 말 것.

실습 예) 안녕하십니까? 당신 ○○○씨에 대해서는 잘 알고 있었습니다. ××일 때문에 어려우시다면서요. 저 역시 그런 경우를 당해 본 적이 있었는데 정말 막막하고 힘들었습니다. 제가 부족하지만 하나님과 교제하면서 ○○○씨의 어려움을 나누어 보지요.

제2단계 – 하나님의 사랑

상담자와 장애자 간의 인간적 교제가 시작되고 대화가 열리게 되면 하나님을 소개한다. 사영리 복음이나 특히 말씀을 같이 보면서 성경을 읽는다(요한복음 3:16 등).

실습 예) 하나님이 이렇게 우리를 사랑하셨고 지금도 ○○○씨를 사랑하고 계시며 ○○○씨의 아픔을 같이 고통스러워하고 계십니다. 이런 하나님을 당신은 사랑하십니까(장애자의 대답을 확인할 것)?

"나! ○○○는 하나님을 사랑합니다."

제3단계 – 구원의 확신

장애의 치료에 있어서 가장 기초적인 시작은 구원의 확신과 하나님에 대한 신뢰이다. 이 점은 상담자가 설명을 해 주어야 하고 상담자 역시 구원의 확신자여야만 한다. 이미 구원의 확신이 있는 장애자는 한 단계 진보된 치료의 수순을 밟을 수 있다.

실습 예) 하나님을 믿으십니까? 예수님만이 우리의 구원자이심을 믿습니까? 오직 예수 이름으로만 영혼과 육체가 영생으로 인도됨을 믿습니까? 예수님께서 십자가에 피 흘리심으로 당신의 죄를 용서하셨습니다. 또한 하나님이 우리를 용서하신 것처럼 우리도 우리를 미워하는 자를 용서해 주어야 합니다. 하나님은 당신을 이미 선택하셨습니다.

제4단계 – 하나님은 영이시고 치료자이시다

하나님은 우리 인간처럼 육신을 지니신 것이 아니고 성령님이 영으로 우리와 함께 교통하시기 때문에 하나님은 우리 옆, 우리 속에 항상 계시고 무소부재하시고 무소불능하시며 전지전능하시다는 것을 깨닫도록 한다. 또한 우리의 고통을 친히 육신으로 오신 예수님께서 감당하셨기 때문에 우리의 고통을 성령님께 의탁함으로 치료받을 수 있다는 치료자로서의 하나님을 설명해야 한다.

실습 예) 이 시간에 하나님은 우리와 함께 하십니다. 그분은 사랑이시고 우리를 위해 십자가에 죽으셨고 부활하셨습니다. 이 시간 하나님이 ○○○씨에게 계심을 확인하십시오. 당신의 영혼과 육체를 성령님께 의탁하십시오. 그리고 그분의 사랑과 치료를 기다리십시오. 많은 기대와 소망을 가지십시오. 하나님은 살아 계십니다.

제5단계 – 자기 진단과 고백

이 때가 가장 중요한 시점이다. 올바른 진단이 아니고 오진이 된다면 이미 이 치료는 실패를 본 것이다. 장애자 자신의 수치감과 열등감, 모욕감, 괴로움, 과거 회상과 같은 힘든 과정이 필요하므로 용기를 주고 꼭 하나님께 솔직하고 겸손하고 의뢰하는 자세로 자기의 아픔과 고통을 토해 내도록 해야 한다. 조금이라도 자존심 때문에 덜 토해 내고 감추면 정확한 진단을 못 하게 된다.

• 오진하는 경우

① 누구나 자신 속의 죄성을 감추려 한다.

② 장애의 고백은 자신의 모든 자존심이 무너지는 것으로 알고 있다.

③ 부분적 인격장애를 가지고 전체적인 정신병자로 인식하거나 혹은 비윤리적인 사람으로 매도하기 쉽다.

④ 자신의 장애를 처음 고백할 때 마음자세가 중요한데 상담자에 대한 신뢰도가 낮을 때 고백이 충족지 못하게 된다.

⑤ 누구나 자신의 죄성이나 장애를 표현해 내기보다 회피하거나 도망치려는 경향이 있다.

⑥ 인격장애는 병이 아니라는 인식 때문에 별로 중요시하지 않는다.

⑦ 쉽사리 자신의 인격장애를 인정하지 않는다(“나는 비록 이런 점에 문제가 있기는 하지만 이 정도야 누구에게나 있지” 하는 대

리 만족과 자기 변명적 합리주의가 진단에 어려움을 준다. — 이 점을 인식하고 상담자는 장애자에게 당신의 전체가 아니고 일부를 지적하고 있음을 알려 줌으로 안도하게 해야 한다).

과거와 현재, 미래를 전부 고백하게 한다. 인간 관계에서 생긴 상처의 경우 그 사람과의 첫 만남에서부터 고백을 시작해야 할 것. 비록 관계가 악화되었더라도 긍정적인 면도 고백시키되 강조는 하지 말 것.

실습 예) 인간은 모두 죄인입니다. 오직 예수님 이름으로만 모든 죄를 용서받을 수 있습니다. (조심스럽게) 왜 ○○○씨는 △△△씨를 싫어하시나요. 언제, 어떻게 만났나요? △△△ 씨의 어떤 점이 싫습니까?

제6단계 – 정죄

이 단계는 매우 조심스러우면서도 예의바르게 또한 단호하며 대담하게 말해 주어야 한다. 행여 장애자에게 동정이나 공감을 얻기 위해 장애자의 죄성을 감소시키거나 후퇴시켜서는 안 된다. 반드시 당신의 이런 점은 "하나님 앞에 죄입니다"라고 죄를 확인시켜 주어야 한다.

실습 예) 그렇군요. 당신의 솔직한 말씀은 저로서도 대단히 고무적이었습니다. 이런 아픔은 쉽사리 남에게 말해 줄 수 없습니다. 이 점에 있어 저는 당신에게 고마움과 당신을 도와 드려야 할 책임감을 느낍니다.

○○○씨, △△△씨를 싫어하는 것은 분명히 사랑이 아닙니다. 하나님은 분명히 형제를 사랑하라고 하셨죠? 그렇기 때문에 사랑이 없이 남을 싫어하는 것은 '죄'입니다. 당신은 △△△씨에 대한 죄를 짓고 있음을 알아야 합니다.

제7단계 – 병리 파악

장애자가 고백한 모습(증상)을 정리하고 요약해 보고 관련 성경 구절을 찾아낸다. 죄를 지을 때는 반드시 원인이 있기 마련이다. 이 병의 원인을 상담자는 묵상과 개발된 영성을 통해 찾아내야 한다. 아니면 가장 합리적이고 도덕적이며 윤리적이고 성경적인 기준(관습도 포함)을 통해 판단하여도 된다. 그래서 병리의 결정을 내린다(예 : 미움, 열등감, 간음, 고집 등).

실습 예) ○○○씨! 당신이 △△△씨를 싫어하는 것은 '미움'이라는 죄입니다. 미움이라는 세상죄입니다. 이 미움은 당신의 것이 아닙니다. 당신의 아름다운 영혼을 간섭하는 사탄의 죄성일 뿐입니다. 당신은 하나님의 자녀입니다. 당신 속에는 절대 미움이 오래 자리할 수 없습니다. 자! 이제 하나님을 사랑하고 믿음으로 당신 속에 당신의 것이 아닌 미움을 내어쫓고 사랑이 찾아 들어가게 하십시오.

제8단계 – 회개와 자기 시인

병리와 원인을 파악한 후 그 병이 장애자에게 찾아온 동기를 찾아내 그 때의 환경과 자신의 심리상태 등을 파악하고 그 죄성을 회개토록 한다. 그리고 장애자 자신은 연약한 인간에 불과하며 하나님이 아니고는 장애를 치료할 수 없고 하나님 없이는 죄악 속에 죽을 수밖에 없다는 사실을 시인하게 할 것.

실습 예) ○○○씨! 당신은 이제 △△△씨를 싫어하게 된 것이 △△△씨의 잘못이 아니고 ○○○씨 당신 속에 자리한 '미움'이 △△△씨를 싫어하게 한 것임을 알았습니다. 이제 ○○○씨는 △△△씨를 원망하지 말고 ○○○씨 당신 속의 '미움'을 예수 그리스도의 이름으로 쫓아내십시오.

"예수 그리스도의 이름으로 '미움'의 병아! 나 ○○○에게서 나 갈지어다!!"

자! 이제 기도합시다.

"사랑의 하나님! 이제 당신께서 ○○○씨에게 찾아오셔서 ○○○씨 속에 병으로 자리잡았던 미움을 내어쫓고 아버지의 사랑으로 되돌아오게 하셨으니 감사드립니다. ○○○ 형제가 이제부터 영원토록 아버지와 함께 하게 하소서."

제9단계 – 회복, 상처를 감싸 줌

오직 예수의 피의 공로로 회복되고 상처를 감싸게 된다.

실습 예) 한 지체가 아프면 다른 지체가 함께 고통합니다(고전 12:26). 당신의 마음속에 조그마하게 자리한 '미움'이라는 통증이 당신 전신을 아프게 했군요. ○○○씨! 당신은 이제 이 작은 부분의 고통에서 벗어남으로 온몸의 통증에서 해방되었습니다. 이것은 예수님이 흘리신 보혈의 피가 우리 인간 전체의 죄를 대신 갚으신 것과 같은 현상입니다. ○○○씨 마음속에 예수님이 찾아오셔서 악한 마음이 떠나고 하나님의 사랑과 자비로 충만해졌습니다.

자! ○○○씨! △△△씨를 위해 기도해 주셔야 됩니다. 당신처럼 △△△씨도 마음의 상처가 있습니다. 당신이 죄 용서함을 받았듯이 △△△씨도 용서받도록 기도해 주시지요. 어떻게 보면 ○○○씨의 책임도 있는 것 아닙니까? 상대적으로 미워할 수밖에 없었겠죠.

제10단계 – 확인(주변정리), 자심감과 점진적 회복을 약속해 줌

장애를 일으켰던 환경적 요소, 개인의 이기적 개성이나 불순결한 주변을 정리해야 된다. 재발의 요소들을 없앤다. 음란한 장소,

어두운 곳, 나쁜 친구 사귐을 피하고 그들의 공포, 억압으로부터 구제받을 방법을 토의 실천한다(경찰력 동원 등). 또 자기의 이기적 성격을 고치려고 노력한다.

그리고 치유는 점차적으로 오랫동안 계속해서 좋아지는 것이지 지금 완전한 것이 아님을 알려 주고 또한 지금 거의 완쾌되었음을 알려 준다. 후유증도 남을 수 있음을 알려 준다.

실습 예) 자! ○○○씨 당신은 이제 하나님과 함께 온전해졌습니다. 그러나 △△△씨와 같이 서로 화해하지 못한 상태입니다. 기도하시고 먼저 손을 내밀어야 됩니다. 또는 △△△씨의 지나친 감정 악화 때문에 쉽게 화해하지 못할 수도 있습니다. 그러나 계속해서 접근하십시오.

또한 ○○○씨 본인도 지금 죄 용서받고 △△△씨를 사랑하기로 하셨지만 다시 어떤 나쁜 잡념들이 당신을 잠깐 미움으로 되돌릴 수 있습니다. 하지만 실망하지 마십시오. 이것은 인간의 나약함과 사탄의 간섭으로 잠시 나타나는 현상입니다. 또 다른 형태의 갈등이 미움을 만들 수도 있기 때문입니다. 그러나 잠시일 뿐 곧 사랑으로 회복되어집니다.

제11단계 - 말씀선포 (동역자와 함께)

치료받은 자 혼자보다도 상담자와 또 다른 기도의 동역자 앞에서 예배로 말씀이 선포되어야 한다. 이 때는 가능한 한 소속된 교회의 당회장에 의해 선포되는 것이 더욱 좋다. 말씀이 선포되고 난 뒤에도 계속하여 성경공부와 암송, 통독 등을 통해 영성이 개발되고 훈련되어져야 된다.

실습 예) "주는 그리스도시요, 살아 계신 하나님이시다."

제12단계 – 찬송과 영적 교제

　믿는 성도끼리 계속 교제하며 찬송으로 감정을 순화시키고 영적 교제의 다양화를 통해 예수 그리스도의 제자가 된다.

　실습 예) 찬송가 186장, 관련 기독교 서적, 믿음의 단체에 가입, 크리스천 등과 여행, 운동, 식사와 같은 기독교적 일상 생활을 경험한다. 기도원, 새벽기도, 공예배의 참석.

■ 도움이 되신 분들과 책

「성령, 예수, 하나님」
성경(New Internationl Version, New American Standard, KING JAMES BIBLE)
이준성 목사님 (인천 중앙성결교회 당회장)
홍성철 목사님 (서울신학대학교 신학대학원장)
명성훈 목사님 (국민일보 부설 교회성장연구소)
박행렬 목사님 (의사, 한사랑교회 협동목사)
경희대학교 한의과대학 사상의학과 교실
원광대학교 한의과대학 사상의학과 교실
Modern Clinical Psychiatry. Kolb & Brodie
「정신의료사회사업」. 안향림, 박정근 공저

뒷마무리 이야기

그 동안 임상에서 내가 굳이 기독교적 신앙과 연관지어 생각하지 않았을 즈음에도, 즉 지극히 의학적이고 객관적이고 과학적인 시각에서 보았을 때에도, 모든 환자들의 육체적 고통이 해결되지 못한 그들 마음속의 응어리들이 결부되어 병행되거나 원인으로 제공되고 있음을 어렴풋이 느껴 왔다. 그러나 보통의 일반 의사와 다를 바 없이 인정을 절제시키고 냉철한 자세로 진단해 왔다.

개인적으로 신앙이 거의 없었을 때 나에게 변화가 요청되지 않았고 그 동안 살아온 모든 사고 방식이 인생을 다 터득한 양 고집스럽게 굳혀지고 있었다. 세상을 살아가는 처신도 주관을 가지고 세상의 이치에 잘 맞게 지내면서 소위 지성인으로, 엘리트 의식을 가지고 잘 헤쳐 나왔다고 생각하며 살았다.

그 후 아내를 만나 신앙이 구체화되고 신앙의 규약과 절제가 이제까지의 세상 살아가는 방법의 변화를 요구받자 오히려 더 어렵고 힘든 생활로 접어들게 되었다. 신앙인다운 생활양식에 뾰족한 수단도 없었고 적절한 방식도 제시되지 못했다. 이로 인한 갈등과 혼란만이 나를 엄습하고 있었다.

신앙적 도전에 대한 나의 결단과 하나님의 부르심에 대한 나의 태도에도 헌신이 요구되고 있었다. 그 때는 소명의식이나 구체적인 비전도 응답받지 못했고 짐작조차 못할 어리석음만이 가득 차 있었다. 그러나 나에게 있어 긍휼히 여김을 받을 만한 태도가 있었다. 아내와 함께 신앙의 뜨거움이 넘쳐 시간만 나면 이곳 저곳 은혜가 있는 곳을 열심히 찾아 다녔다. 그러면서도 정말 세상을 살아가는 데 꼭 필요한 것들, 돈, 건강, 병원 운영, 집 등등 내가 해결해야 될 일차적 요구에 어려움이 닥쳐 왔다. 이것들은 자존심도, 지성도, 학식도, 자랑도 다 상관없이 있어야 되고 유지되어야 했다. 근본적인 생존의 문제에 어려움이 봉착되면서 인간의 밑바닥, 저 깊은 음부의 낙심과 좌절에 빠져 그 곳에서 자리를 펴 누울 자리를 찾기도 했다.

눈에 보이는 사람들을 통하는 쉬운 방법보다 언제나 침묵하시는 것 같은 보이지 않는 하나님을 향해 기도하며 하나님을 기대하고 기다리는 그 인내의 고통이 더 참기 힘들었고 하나님의 응답과 역사를 바라보다가 비참함과 처절함에 뼈가 녹아 들었다. 그리고 어쩔 수 없이 불가불 낮아져야 했고 무능하다고 자신을 고백할 수밖에 없었다. 그리고 내 속에 숨어 있던 추악함, 간음, 비웃음, 교만, 이기심, 욕심, 도둑질 … 끝도 없이 많은 나의 더러움과 죄악을 보고 치를 떨었다.

나는 성령으로 거듭났지만 그 후로도 나에게 깊은 인격장애가 있음을 알게 되었다. 구원을 받은 감격 이 후에도 정리되지 못한 나의 옛 것이 그대로 있음을 보았다. 예수 이름으로 구원받고 말씀으로 변화받아야 됨을 확인했다. 그리고 부단한 회개와 각성과 옛 것을 버리기 위한 실천이 필요했다.

이로 인하여 나는 나와 동등한 고통 중에 시름하는 환자를 조금씩 이해하게 되었고 이들이 호소하는 자각증상 속에, 그들의 마음 속에 있는 아픔을 막연하나마 공유하게 되었다. 내 속에 아픔이 재연되기도 했다. 점차 나는 이 아픔에 대해 관심을 두게 되었고 이에 관한 의학적 지식을 축적해 나가게 되었다. 이와 함께 성경 말씀에 비추어 보았다.

이것은 꼭 하나님의 뜻 안에서 해결될 수 있을 것으로 여겨졌으나 구체적인 시행방법을 얻어내지 못하고 있었다. 좀 불확실한 연구상태에서 미약하나마 환자나 교회 청년들에게 위로를 주곤 하였다. 점차 신앙이 자라면서 성경말씀으로 은혜가 내리고 이해가 깊어지게 되었다. 때로는 눈물로, 때로는 놀라움으로, 때로는 두려움으로, 때로는 하룻밤을 지새우는 감격으로 말씀의 진리와 은사를 받고 난 후 이 말씀이 장애를 고칠 수 있다고 확신하게 되었다.

이런 나에게 행운이 찾아왔다. 하나님이 도울 자를 보내셨다. 내과 전문의이면서 서 사모아에서 선교사역을 감당하셨던 박행렬 목사님을 만나게 되었던 것이다. 이 분이 선교사역지에서 쓰신 「전인치유사역」을 통독하면서 내 시각과 맞아떨어짐을 보게 되었다. 성경적 근거와 묘책을 이수받게 되었다. 명성훈 목사님의 도해식과 아이디어도 응용되었다. 참으로 고마운 분이시다.

간혹 몇 분들의 신학적 의견 차이를 듣기도 했다. 특히 영혼과 육체의 이분설과 삼분설에 관한 다른 견해들을 듣게 되었는데 이 점에 관해 더 깊이 신학적으로 설명드릴 능력도 자격도 없고 다만 인격장애를 하나님의 말씀으로 치유하는 데 초점을 두고 이해를 바랄 뿐이다.

나는 이 책을 마치 신들린 것처럼 써 내려갔다. 속히 속히 써 내려갔다. 머리에 떠오르는 지혜가 주체할 수 없을 정도로 폭포수처럼 쏟아져 나왔다. 손이 미처 뒤따르지 못하고 중요한 명사만, 줄임말로 글을 써 내려갔다. 하나님이 속히 속히 부르심을 감당치 못할 지경이었다. 앞뒤 내용을 다시 차분히 정리하고 나서 이 후로 청년회나 몇몇 모임에 적용해 보니 그대로 맞아떨어졌고 좋은 결과가 나왔다.

정신과 텍스트북도 그 내용이 인본주의적인 방법과 하나님의 방법으로 구별되어졌다. 인격장애의 유형이나 그 대치방법이 그림처럼 내 지혜 속에 역사하셨다. 처음부터 끝까지 특별한 계획도 없이 써 내려갔다. 그러나 나중에 보니 모든 순서가 거의 정돈되어 있었다.

오! 놀라우신 하나님! 신묘막측하신 아버지! 감사합니다. 내 인에 주님이 역사하셨나이다. 이 골치 덩어리를 지혜로 사용하시다니요! 감사할 뿐입니다.

겸손하신 우리 이준성 목사님, 집필에 막강한 힘을 주신 홍성철 목사님과 사모님, 제가 이 글을 쓸 때 두 분의 모습이 눈에 선합니다. 서울신학대학교 학생과 컴퓨터를 알게 해 준 부원장 손영훈 선생, 김정숙 전도사님, 아내와 나의 성은, 예은, 예양이, 이호문, 이종운, 최병현 목사님과 인천 서지방 목사님들, 장로님들, 중앙성결교회 성도님들, 청년들에게 감사드립니다.

1996. 8. 27. 불충한 소생 최병전 씀

잃어버린 퍼스날리티를 찾아서

지은이 • 최병전
발행인 • 홍성철
초판1쇄 펴낸 날 • 1996년 10월 25일
발행처 • 도서출판 세복
주소 • 서울특별시 종로구 종로3가 9-1(삼영빌딩 605호)
       T.(02)747-3991, 659-5822 F.(02)659-9669
등록번호 • 제1-1800호(1994. 10.29)

총판처 • 예영커뮤니케이션
       T.(02)325-7971 F.(02)325-7970

ISBN 89-86424-06-1

값 5,000원